浙江农村老年宜居环境研究

赵 斌 俞梅芳 编著

中国建筑工业出版社

图书在版编目（CIP）数据

浙江农村老年宜居环境研究 / 赵斌，俞梅芳编著.
北京：中国建筑工业出版社，2017.5
ISBN 978-7-112-20792-3

Ⅰ.①浙…　Ⅱ.①赵…②俞…　Ⅲ.①农村－老年
人－居住环境－研究－浙江　Ⅳ.①D669.6 ②X21

中国版本图书馆CIP数据核字（2017）第102445号

责任编辑：王晓迪　郑淮兵
责任校对：李欣慰　焦　乐
版式设计：京点制版

浙江农村老年宜居环境研究

赵　斌　俞梅芳　编著
　　　＊
中国建筑工业出版社出版、发行（北京海淀三里河路9号）
各地新华书店、建筑书店经销
北京京点图文设计有限公司制版
廊坊市海涛印刷有限公司印刷
　　　＊
开本：880×1230毫米　1/32　印张：7⅛　字数：248千字
2017年5月第一版　2017年5月第一次印刷
定价：**40.00**元
ISBN 978-7-112-20792-3
　　　（30422）

前　言

当今中国正处于老龄化高速发展中，中国老龄化是未富先老，而浙江农村老年人人口比例比城镇老年人人口比例更高，我国特殊的二元经济体制结构导致了农村老年人的社保、医疗、养老服务水平等都比城市老年人低。近十几年，随着《老年法》《中国老龄事业发展报告》等法律法规和研究不断完善深入，中国老龄事业迎来了新的春天。浙江省老龄化从 20 世纪 80 年代就开始了，虽然浙江地处东部沿海地区，经济水平高于其他省市，但是浙江农村老年人的宜居环境和国外农村宜居环境相比还是处于初级阶段。在宜居环境方面，国际上，《人居议程》是国际人居环境与宜居思想迈向系统化的里程碑。它把人类栖居地提高到一个新的地位，使全世界人们达成一系列共同原则与目标，从而建立了各种国家标准和方针，提高了"联合国人居环境奖"和"改善居住环境最佳范例奖"的地位，让宜居建设成为全球人居发展的共同理想。我国随着《北京城市总体规划（2004—2020 年）》的出台，首次提出将北京建设成一座"宜居城市"，随后，各省市开展宜居城市建设，十六届五中全会通过《十一五规划纲要建议》，提出要按照"生产发展、生活宽裕、乡风文明、村容整洁、管理民主"的要求，扎实推进社会主义新农村建设。2008 年，浙江省安吉县正式提出"中国美丽乡村"计划，出台《建设"中国美丽乡村"行动纲要》，提出用 10 年左右时间，把安吉县打造成为中国最美丽乡村。2013 年 1 月，党的十八届三中全会提出要建设美丽中国、形成人与自然和谐相处的新格局，关注生态环境等问题。2014 年 3 月中国政府出台《国家新型城镇化规划（2014—2020 年）》，明确提出要建设各具特色的美丽乡村。2015 年中央一号文件提出加快提升农村基础设施水平，全面推进农村人居环境整治，提升农村社会文明程度，让农村成为农民安居乐业的美丽家园。中国的农村宜居环境发展经历了自给自足的落后阶段到农村经济的发展阶段、从基础设施建设到人居环境整治、从新农村建设到美丽乡村建设，农村公共服务水平和环保意识不断提升。

农村宜居目前主要是关注如何改善农村的居住环境，提升居民的生活水平。由于目前宜居城市研究在有些方面还处于薄弱阶段，而农村宜居研究则是少之又少，在城镇化快速发展的今天，农村经济发展和宜居性几乎成为一种日益尖锐的矛盾。我国农村老年宜居环境建设的基本原则包括以下五个方面：①环境优美。农村环境包括硬环境和软环境。②社会文明。农村社会文明包括政治文明、社会和谐、村落文化和老年参与。③老人幸福。包含老年人社会保障、老人服务、人际关系和谐、家庭和睦和老人心理健康。④生活便利。包括村落交通、商业服务、公共卫生和老人设施。⑤公共安全。即村落安全和应对自然灾害等安全预案。农村老年宜居将居住和老龄化结合起来进行老有所居、老有所养、老有所乐、老有所为等各个复杂要素的营建，使所有社会功能在满足目前新农村发展和老龄化发展之间取得一种平衡，最终达到老人—农村—自然的和谐共生。本书在老龄化背景下，在结合宜居城市相关研究进展的基础上，借鉴国内外宜居农村建设理论和建设经验，理清我国农村老年宜居进展和相关概念；通过对浙江省各个地区农村老年人居环境实际调研和访谈，理清浙江各个地区农村老年宜居现状；结合调查数据、文献资料和专家反馈意见，运用主客观评价法构建浙江省农村老年宜居环境的评价指标体系；再利用评价指标体系去验证、检验浙江三个农村老年宜居性状况，得出相应的宜居结果；最后通过以上的分析，提出浙江省农村老年宜居环境建设措施与对策、主要结论与研究展望。

全书分为五个部分，包括国内外宜居相关研究进展，浙江省各个地区农村人居环境调研，构建浙江农村老年宜居环境评价指标体系，通过村庄的实证案例来验证评价指标体系，最后提出相关措施与对策。主要研究成果如下：

（1）理清浙江省各个地区农村老年人居环境状况。具体表现为：①农村老年人口规模不断扩大；②高龄化发展趋势迅猛，百岁老人逐年增多；③纯老家庭人口逐年增加；④失能、半失能老年人口缺乏关爱；⑤浙江省农村老年宜居环境的经济适宜度值明显较大的是杭嘉湖、宁绍地区；⑥综合各项指标因素，浙江农村老年宜居性最好的地区是浙北地区和宁波，中间层次为绍兴和金华地区，最差的是台州、丽水和温州。

（2）构建浙江农村老年宜居评价指标体系。主要包括：①浙江农村老年宜居客观评价指标系统；②浙江农村老年宜居主观评价指标系统。

本书是关于浙江农村老年宜居环境研究的专著，更确切地讲本书只是一个导论——关于如何构建、设计宜于"老年人"生活和居住的农村环境建设的导论。宜居这一研究命题目前处在研究热潮之中，而老龄化更是政府、专家学者所关心的领域，但对宜居城市、宜居农村的内涵及评价方法至今尚未形成共识，学术界和政界仁者见仁、智者见智，且对农村老年宜居环境的研究相对不多，因此该领域的研究还处于初级阶段。书中所有的观点，是笔者近些年在国内外接触到大量文献资料，并带领学生一起参与嘉兴市美丽乡村实际建设，与课题组成员以及学生一起深入浙江广大农村进行实地调研，在具体的实践中逐步形成的。有些观点还不是很成熟，研究也不够全面，又由于本人学识、能力有限，时间仓促，因此本书只作为阶段性的小结，"抛砖引玉"，先冒昧地提出来与读者商讨，恳请大家批评指正。同时本书在写作过程中，参考了许多专家学者的论著、科研成果，对引用部分在文中都一一做了相应的注明，在此均一一表示感谢！

赵　斌、俞梅芳
2016 年于嘉兴南湖

目　录

1 导论

1.1 研究背景与意义

1.1.1 研究背景

随着世界城市化进程不断加快，人类生存环境和人居生态系统都在发生巨大的变化，有的甚至已经遭受了巨大的破坏，城市与农村人居环境的可持续发展面临着严峻挑战，城乡建设缺乏人性化的关爱，尤其是对老年人的关怀不够。我国城镇化快速发展，农村土地流失很快，国家统计局最新资料显示，我国的建制城市数量已由新中国成立初期的130多个增加到2010年的666个。以城市化发展较快的浙江省为例，从改革开放后的1979年到2004年的25年间，由于城市发展建设而减少的耕地面积已达到4840m²（726万亩），相当于全省原有耕地总量的23.3%。乡镇、农村的环境状况相当差，曾经的宁绍、嘉兴等江南水乡环境已经到了非常恶劣的程度。水污染严重超标，环境、空气质量分别排名全国倒数第二、第三，尤其今年雾霾天气笼罩全省，连续三四天挥散不去。此刻，我们应该醒醒了，不能再以牺牲生态、环境来换取经济的发展，不能再继续滥用珍贵的农村土地资源换取乡镇的发展，不能再粗制滥造，给未来和子孙留下一堆无法利用或再利用的混凝土垃圾了。

同时老龄人口问题作为21世纪最严峻的人口问题，其重要性已广受重视，世界上许多国家都对怎样创造老年宜居环境提出了对策及发展规划。欧美、日本等地区和国家很早就关注老年人口问题，而我国老龄化现象出现相对较晚，所以直到20世纪90年代才开始关注老年问题。然而人们对生活质量、居住环境、养老保障的要求越来越高，正是在这样一种环境意识与养老意识变化的氛围中，"宜居城市"和"老有所为"一词逐渐被人们熟悉。美国是较早提出宜居概念并进行宜居城市评定的国家，宜居概念的提出是在 20 世纪 70 年代初，美国的宜居城市主要侧重于人性化、环境、质量和特色四个方面。随着"宜居城市"的概念不断深入人心，"宜居农村"的概念也渐渐进入人们的视野，从莫尔的"乌托邦"、欧文的"新协和村"（Working Community）和傅立叶的"共产村庄"开始，到韩国宜居乡村建设、原欧盟地区宜居乡村建设政策，这些都是人类对最适宜人居模式的努力探索，并取得了丰硕的理论和实践成果。联合国提出的"让我们携起手来，共建一个充满着和平、和谐、希望、尊严、健康和幸福的家园"的口号，是对"宜居城市"概念全面而科学的理解和概括。

浙江农村老年人口比例近 30%，农村老年养老、住宅、医疗、社保等问题日显突出。同时由于我国城市化快速发展，城乡二元结构也在进行深刻的调整，部分地区已构建了城乡一体化的发展格局。浙江嘉兴打造了城乡一体化先行地，2004 年以来，各级党委、政府加大了城乡一体化建设力度，制定了《嘉兴市打造城乡一体化先行地行动纲领》。浙江城乡一体化发展快速，农村年轻人都外出务工，很少在村里劳作，因此，农村以老年人、儿童和妇女为主。同时，在二元体制下，农村老年人的养老、社保、医疗及其他方面和城市老年人相比相差太多，而且浙江省各个地区、乡村发展不平衡。被征地的农村相对富裕，而没有征地的农村经济较差；平原富足的杭嘉湖地区农村老年人相对较宽裕，而浙西山村、丘陵地带的农村老年人就显得贫穷，大部分老年人还得自力更生，在田地上劳作。总体来讲，浙江农村老年人口比例大、空巢化突出，主要表现在以下五个方面：

（1）按户籍人口统计，截至 2012 年末（表 1-1），全省 60 岁及以上老年人口 857.69 万人，占总人口的 17.87%，比上年同期净增

34.46万人,增长4.19%。老龄化系数居全省前三位的市依次为嘉兴市、舟山市和湖州市,老年人口占总人口的比重分别是21.27%、20.36%和20.25%。老龄化程度最后三位的为温州市、丽水市和台州市,老年人口占总人口的比重分别是14.81%、15.95%和16.13%。全省城镇老年人口279.14万人,农村老年人口578.55万人,分别占老年人口总数的32.54%和67.46%。城镇老年人口比上年同期增加0.9个百分点,主要原因是实施城镇化战略、拆村建居引起的老年人迁移。

浙江省2012年60岁及以上老年人口概况　　　　　表1-1

地区	老年人口数(万人)	占总人口的比例(%)	与上年同期相比		城镇(万人)	农村(万人)
			增加老年人口数(万人)	老年人口增长比例(%)		
总计	857.69	17.87	34.46	4.19	279.14	578.55
杭州	127.90	18.26	5.70	4.66	74.32	53.58
宁波	112.38	19.42	5.18	4.83	37.56	74.82
温州	118.31	14.81	1.72	1.48	30.19	88.12
湖州	53.02	20.25	1.82	3.55	19.04	33.98
嘉兴	73.24	21.27	4.21	6.10	26.44	46.80
绍兴	86.90	19.71	4.67	5.68	29.62	57.28
金华	84.36	17.93	2.68	3.28	18.65	65.71
衢州	44.43	17.52	1.97	4.64	9.99	34.44
舟山	19.86	20.36	0.92	4.86	5.34	14.52
台州	95.41	16.13	4.12	4.51	18.90	76.51
丽水	41.88	15.95	1.46	3.61	9.09	32.79

资料来源:浙江省2012年老年人口和老龄事业统计公报

http://www.zjdpc.gov.cn/art/2013/6/5/art_344_544749.html.

(2)高龄化发展趋势迅猛,百岁老人逐年增多。截至2012年末,全省共有百岁老人1625人,比上年同期增加235人。其中,男性476人,占总数的29.29%;女性1149人,占总数的70.71%;城镇464人,占总数的 28.55%；农村 1161 人，占总数的 71.45%。温州市百岁老人数居全省之首，有 403 人；其次为杭州市和台州市，各有 224 人和 201 人（表 1-2）。最年长者是温州市苍南县 112 岁的张香梅（女）老人。浙江省老龄办发布了《浙江省 2013 年老年人口和老龄事业统计公报》，截至 2013 年末，全省 60 岁及以上老年人口 897.83 万，占总人口的 18.63%，同比增长 4.68%；80 岁及以上高龄老人 140.16 万人，占老年人口总数的 15.61%，同比增长 7.51%；百岁老人 1794 人，比上年同期增加 169 人。

浙江省 2012 年百岁老人状况　　　　　　　　　表 1-2

地区	总人数	按性别分类		按生活区域分类	
		男性（人）	女性（人）	城镇（人）	农村（人）
总　计	1625	476	1149	464	1161
杭　州	224	51	173	150	74
宁　波	183	44	139	62	121
温　州	403	138	265	71	332
湖　州	57	20	37	15	42
嘉　兴	100	23	77	47	53
绍　兴	93	22	71	18	75
金　华	92	22	70	24	68
衢　州	58	17	41	6	52
舟　山	30	14	16	11	19
台　州	201	59	142	32	169
丽　水	184	66	118	28	156

（3）纯老家庭人口逐年增加。全省纯老家庭人口 2012 年为 214.49 万，占老年人口总数的 25.01%，其中，城镇 75.89 万人，农村 138.6 万人，分别占城镇、农村老年人口总数的 27.19% 和 23.96%。纯老家庭人口数列前三位的依次为宁波市、金华市和杭州

市，分别为 41.75 万、27.19 万和 26.19 万（表 1-3）。全省纯老家庭人口 2013 年为 218.38 万，比上年同期增长 3.89 万，占老年人口总数的 24.32%，同比上升 0.69 个百分点，其中城镇占 26.18%，农村占 23.44%。

（4）失能、半失能老年人口缺乏关爱。全省有失能、半失能老年人口共 73.48 万（表 1-3），占老年人口总数的 8.57%，其中失能和半失能老年人口分别为 24.52 万和 48.95 万，各占老年人口总数的 2.86% 和 5.71%。失能、半失能老年人口数列前三位的依次为温州市、杭州市和宁波市，分别为 16.56 万、9.18 万和 8.82 万。失能、半失能老年人口数占老年人口数比例居前三位的依次为温州市、丽水市和衢州市，分别为 14.00%、11.63% 和 11.32%。

浙江省 2012 年纯老家庭、失能和半失能老年人状况　　表 1-3

地区	纯老家庭人口数（人）				失能老人人数（人）				半失能老人人数（人）			
	合计	占老年人口比（%）	城镇	农村	合计	占老年人口比（%）	城镇	农村	合计	占老年人口比（%）	城镇	农村
总计	2144864	25.01	758860	1386004	245245	2.86	56141	189104	489512	5.71	116331	373181
杭州	261857	20.49	177603	84254	30560	2.39	12310	18250	61237	4.79	26052	35185
宁波	417477	37.15	150240	267237	34180	3.04	7658	26522	53983	4.81	13986	39997
温州	205351	17.35	68290	137061	60100	5.08	6964	53136	105461	8.92	11941	93520
湖州	42023	7.92	15269	26754	10436	1.96	2031	8405	26417	4.98	5392	21025
嘉兴	99012	13.52	51941	47071	14512	1.98	4344	10168	34892	4.77	10461	24431
绍兴	119582	13.76	44208	75374	14681	1.69	5061	9620	29193	3.36	8036	21157

续表

地区	纯老家庭人口数（人）				失能老人人数（人）				半失能老人人数（人）			
	合计	占老年人口比（%）	城镇	农村	合计	占老年人口比（%）	城镇	农村	合计	占老年人口比（%）	城镇	农村
金华	271917	32.23	65403	206514	13346	1.58	2188	11158	46823	5.55	11591	35232
衢州	235343	52.95	60323	175020	16224	3.65	5540	10684	34101	7.67	10826	23275
台州	256908	26.93	41700	215208	28068	2.95	4033	24035	54920	5.75	8063	46857
丽水	145885	34.84	51797	94088	17578	4.20	4781	12797	31127	7.43	7916	23211

资料来源：浙江省 2012 年老年人口和老龄事业统计公报

http://www.zjdpc.gov.cn/art/2013/6/5/art_344_544749.html.

（5）农村老年人养老和医疗保障水平需进一步提高。对于未来农村老人的养老问题，要分类建立和完善农村社会养老保险制度。在设计制度的同时，既要考虑农村养老社会保险制度本身的特殊性，也要考虑农村养老社会保险与城镇养老社会保险制度与未来能否接轨，因此要大力发展农村"家政型"养老服务机构，构建具有农村特色的"居家养老"模式，满足"空巢老人"的养老需求。构建和谐的农村养老保障体系，除了要解决由于生活需要而产生的经济方面的需求外，建立完善的养老服务体系也是一个重要因素。在一些经济较为发达的城市和地区，子女对老人的生活照顾、医疗保健及精神照料尚存在诸多不便，对社会化的养老服务显得尤为迫切。而受条件的限制，目前在农村开展社会化养老服务更存在三大不同于城市的制约因素：一是受根深蒂固的"养儿防老"传统思想的影响，一些老人不愿意离开家到敬老院养老，而子女送父母去敬老院等间接养老方式也可能会受到不尽孝道的谴责；二是农村的卫生保健服务机构以及菜场、自来水、煤气等生活设施的不完善，使得农村老人的生活更加不方便，有钱也难以买到生活必需品和服务；三是由于农村青壮年大部分外出打工，留在农村的主要是老人和小孩，缺少足够的提供养老服务的劳动力。

1.1.2 研究意义

浙江农村老年宜居环境研究是浙江省美丽乡村建设的具体体现，是对老龄化背景下农村老年人的人文关怀与思考，是城镇化建设实践中绕不开的话题；也是对宜居相关理论的完善与发展，是充实农村宜居理论与实践的重要路径。

在我国，对宜居城市的评选和研究只是最近几年的事情。2005年初国务院批复的《北京城市整体规划（2004—2020）》，对"宜居城市"概念的表述是"创造充分的就业和创业机会，建设空气清新、环境优美、生态良好的宜居城市"。然而对"农村宜居"的相关论著几乎没有，处于真空状态。笔者尝试对浙江农村宜居环境进行探讨，同时以老年人为切入点进行论述，希望引起政府、市民对农村生态、环境的重视，以及对农村老年人的人性关爱。关注农村老年宜居环境，对促进我国市场经济和社会持续、稳定、协调发展，实现全面建设小康社会目标有着非常重要的意义。同时，解决好老年人生活居住问题，也是社会文明进步的标志之一。关怀老年人的居住环境，也就是直接关心自己的未来，也是我国敬老尊老传统的实际体现，更是社会稳定的需要、社会发展的必然要求。

随着社会经济的发展，人们的生活水平不断提高，美丽乡村建设、居家养老社区建设、宜居环境的开发就不能简单地满足老年人一般生理功能的需求，还应该研究老年人的居住环境、养老模式、老年心理、健康等某些特殊要求。在今后的美丽乡村建设中，更要以老年人为主，从老年人的生理、心理和社会需求出发来规划和设计老年居家养老社区、老年住宅、村落环境。农村老年居住环境的研究是老龄化研究课题的重要组成部分，对于促进老年人的和谐生活，推动农村和谐社会的建设不无裨益，对加强和完善老年学相关学科的建设也有一定的价值。

1.2 主要研究内容

1.2.1 研究视角的选择

近年来宜居环境领域的研究主要是对宜居城市的研究，从宜居城市的相关理论基础、评价体系、概念、内涵等方面进行论述，并已取得了较为丰富的成果。然而，宜居农村的研究相对来讲就少了很多，主要是从新农村建设和美丽乡村建设实践中研究农村的宜居性，大部分都是就新农村建设来探讨农村的硬件建设，从村落规划、农民住宅建筑、道路、绿化级公共景观等实体硬件上进行美化建设，很少有人从农村老年人的视角进行研究。众所周知，一方面，浙江城镇一体化建设相对较早、速度较快，在城镇化建设中，农村老年人的利益和权益没有得到较好的考虑，而我国的老龄化现象是"未富先老"，农村老年人的这种现象就更加严重了。另一方面，浙江在新农村建设中不断探索自己的路线，结合各地市的地方特色，强调文化强省，打造"两美"浙江，2008年安吉率全国之先，开展了安吉美丽乡村建设。

不管是城镇化建设，还是美丽乡村建设都绕不开农村建设，浙江农村老年人口比例约占30%，他们是今后农村稳定和谐发展的主要群体，也是农村最容易受忽视的基层弱势群体。所以本研究的第一视角，就是从浙江农村弱势群体老年人出发，对农村老年人的居住环境、社保医疗等方面进行调研与访谈，并将内容整理出来，梳理出浙江农村老年宜居状况。其次，尊老爱老是中华民族的优秀传统文化，自古以来一直都在提倡"尊老爱老"的孝道文化。孟子提出"老吾老以及人之老",要求人们不仅仅要孝敬自己的老人,还要孝敬社会上所有的老人。郭居敬编录的《全相二十四孝诗选集》倡导敬老尊老之德,是我国古代社会礼教的经典教材。《二十四孝故事》是中国古代民间家喻户晓的故事,所倡导的敬老尊老文化,对今日建设和谐社会仍有积极意义。尊老敬老是中华民族的传统美德,是我国公民道德建设的重要内容,也是中华民族强大凝聚力和亲和力的具体体现。弘扬中华民族敬老美德,提高全体公民道德水准,促进代际和谐,形成老少共融的社会风气,是社会和谐与文明的重要标志。"敬老尊老",作为研究的另一个视角,就是要把我国优秀的传统文化进行传承与发扬,从家庭延伸到社会,关爱老人。

本研究是遵循从美丽乡村建设思路开展的,在农村老龄化严重的今天,更要关注农村老年人的宜居环境,老年人作为基层弱势群体理应受到人们的关爱,同时从我国传统文化入手,弘扬中华民族敬老爱老美德,提高全体公民道德水准。

1.2.2 相关概念的阐释

（1）宜居环境

宜居环境简单来讲就是指适宜人类居住、生活的地方。人类宜居环境是综合性的复杂系统,涉及人类的生产活动、社会活动和精神文化活动等。人与自然的和谐相处是人类文明顺利发展的基石。强调人与自然和谐相处的"天人合一"思想,是中华文明的精髓。老子的《道德经》指出:"人法地、地法天、天法道、道法自然",《庄子》提出的"万物与我为一""知天之所为,知人之所为者,至矣"等都说明了我国古代早就注重对"天""地""人"关系的研究。中国古代强调的"天人合一"、人与自然和谐统一的传统思想,是中国宜居理论的最初起源,而西方最早可以追溯到古希腊。苏格拉底、柏拉图、亚里士多德等许多思想家为了人们在城市生活得更好,持续探求着他们心目中理想的国家（城市）形态，这反映出古希腊对美好城市生活的向往与追求，也是西方文明对城市宜居性最早的探索❶。计成《园冶》对宜居环境从宜人的自然生态环境、和谐的社会生态环境及健康的精神生态环境三个方面进行辩证统一的阐述❷。吴良镛院士认为宜居环境是"'宜人的居住地'，是'理想的人居环境'，是人与自然的和谐统一，或如古语所云'天人合一'"❸。近代西方人对宜居环境的研究以希腊学者道萨迪亚斯提出的"人类聚居学"为代表，强调对人类居住环境的综合研究。

（2）宜居城市

"宜居城市"的概念是随着人类生产力的发展而逐步提出来的。宜居城市研究起源于对居住环境问题的研究。第二次世界大战后，随着城市规划的发展，舒适和宜人的居住环境在城市规划中的地位得到确立。对宜居城市内涵的理解，有广义和狭义之分。狭义的宜居城市是指气候条件宜人、生态景观和谐、人工环境优美、治安环境良好、适宜居住的城市，这里的"宜居"仅仅指适宜居住；广义的宜居城市则是指人文环境与自然环境协调，经济持续繁荣，社会和谐稳定，文化氛围浓郁，设施舒适齐备，适于人类工作、生活和居住的城市，这里的"宜居"不仅是指适宜居住，还包括适宜就业、出行及教育、医疗、文化资源充足等内容❹。1961 年世界卫生组织（WHO）提出了四个居住环境的基本理念，即安全性、健康性、便利性、舒适性。1996 年联合国第二次人居大会明确提出"人人享有适当的住房"和"城市化进程中人类住区可持续发展"的理念后，居住环境的可持续发展与宜居性被提上了议程。1994 年，我国通过了《中

---

❶ 高峰.宜居城市理论与实践研究 [M].兰州：兰州大学硕士学位论文，2006.

❷ 张薇.《园冶》古典人类宜居环境理论探研 [J].自然科学史研究，2006，3，第 25 卷：255-268.

❸ 吴良镛.人居环境科学导论 [M].北京：中国建筑工业出版社，2001：38-39.

❹ 李丽萍.郭宝华.关于宜居城市的理论探讨 [J].城市发展研究，2006，13（2）.

国 21 世纪议程——中国 21 世纪人口、环境与发展白皮书》，提出"人类住区可持续发展"的六个方案领域。2005 年，《北京城市总体规划》首次提出将"宜居城市"作为城市发展目标，自此"宜居城市"的概念引发了社会的广泛关注。

宜居城市是一个动态的、发展的概念，也是一个内容多样、不断丰富的概念。宜居城市应"参照城市及其自身发展的历史"❶。不同的对象和人群对宜居的理解和要求不同，在不同的社会发展阶段也有不同的衡量指标。通过国内外学者的研究可知，宜居城市强调营建一个人文与自然环境协调、稳定的人居环境，即要建设人文与自然环境协调，经济持续繁荣，社会和谐稳定，文化氛围浓郁，人工环境优美，治安环境良好，设施舒适齐备、适于人类工作、生活和居住的城市。

（3）宜居农村

"宜居农村"是在宜居城市的概念上进一步提出的，它是伴随着宜居城市理论的发展而逐渐进入人们的视野的。农村的宜居水平关系到农村的整体发展理念、农村经济和社会发展、农村投资环境、农村的生态环境建设等方面。它不仅体现了农村规划和建设的精髓，而且影响着农民的生活质量。建设宜居新农村，不仅包括物质生活的改善，也包括精神生活的充实；不仅包括居民个人消费水平的提高，也包括社会福利和劳动环境的改善❷。日本新村建设一直就关注农村生态和环保，并且在各个地方自治单位制定与造町（村、里）相关的法令，期望通过严格的法令保护地方的自然环境。联邦德国农村宜居建设经历了再城市化、农村现代化和农村生态化三个阶段。德国政府对农村提出"绿色计划"和"加强基础设施建设"的要求，20 世纪 70 年代以后，随着环保和生态意识的觉醒，德国开展了"我

---

❶ 张文忠 . 中国宜居城市研究报告 [M]. 北京：社会科学文献出版社，2006：33.

❷ 王晓展 . 农村宜居指数评价体系研究——以河南省为例 [J]. 企业导报，2010，10：263-264.

们的乡村应更美丽"的乡村转型，乡村原有形态和自然环境、聚落结构和建筑风格、村庄内部与外部交通按照保持乡村特色和自我更新的目标进行了合理规划与建设❶。我国宜居农村主要是以新农村建设为主，主要针对农村基础设施的建设，推进农村人居环境整治，提升农村社会文明程度，让农村成为农民安居乐业的美丽家园。

（4）老年宜居社区环境

老年宜居环境是在宜居环境、宜居城市和老年友好城市等一系列概念之上演化而来的一个新提法，强调宜居环境建设要充分考虑和关注老龄化社会转型所带来的新要求和挑战。按照层次递进的顺序，老年人对环境宜居性的要求是，安全是基础，便利是核心，舒适是理想目标。老年宜居环境建设是一个长期的过程，周尚意教授主持的"城镇发展与老年宜居环境建设研究"提出"安全""安心""安逸"的"三安"工程，努力打造"经济型""功能型""人文型"的老年居住环境，逐步实现老年人对居住环境"安全""便捷"和"舒适"的宜居需求。

老年宜居社区是指人居环境良好，能够满足老年居民物质和精神生活需求，适宜老年人生活和居住的小区。老年宜居社区的建设，就是以社区为基础，不断加大工作力度，逐步落实各项老年法规政策，使社区环境、养老设施和服务站点等硬件建设持续改善，社区管理和服务水平有效提高，尊老敬老助老的社会氛围日益浓厚，老年人能明显感受到社区的宜居特征❷。全国老龄办根据我国社区建设和养老服务发展坚持以居家为基础、社区为依托和机构为支撑的总体框架要求，探索开展创建老年宜居社区和老年温馨家庭等活动。

（5）人口老龄化

人口老龄化是指总人口中因年轻人口数量减少、年长人口数量

---

❶ 孟广文.二战以来联邦德国乡村地区的发展与演变 [J].地理学报，2011，12.
❷ 全国人大常委会法工委社会法室.中华人民共和国老年人权益保障法读本 [M].华龄出版社，2013：191.

增加而导致的老年人口比例相应增长的动态。国际上通常把 60 岁以上的人口占总人口比例达到 10%，或者 65 岁以上人口占总人口的比重达到 7% 作为国家或地区进入老龄化社会的标准。纵观中国人口老龄化趋势，可以概括为四点。第一，人口老龄化将伴随 21 世纪始终；第二，2030 年到 2050 年将是中国人口老龄化问题最严峻的时期；第三，重度人口老龄化和高龄化将日益突出；第四，中国将面临人口老龄化和人口总量过多的双重压力。我国人口老龄化的关键问题是处于未富先老、未备而老和孤独终老的状态。老龄问题不仅仅是老年人的问题，在老年人口不断迅速增长的情况下，人口老龄化对社会经济的冲击决定了老龄问题的复杂性 ❶。

1.2.3 研究重点

国内针对宜居城市和宜居相关的研究才刚刚起步。1990 年，钱学森先生在写给吴良镛先生的一封信中首次提出了中国应该建"山水城市"的设想，并在 1993 年 2 月的"山水城市"座谈会上发表了他《社会主义中国应该建设山水城市》的论文，自此国内城市科学研究开始关注人居环境科学。

吴良镛院士长期致力于中国人居环境科学探索，并于 1989 年出版了《广义建筑学》一书。1993 年，在中国科学院技术科学部学部大会上第一次正式提出建立"人居环境科学"的倡议。清华大学1995 年 11 月成立"人居环境研究中心"，1998 年起开始出版"人居环境科学丛书"，1999 年开设"人居环境科学概论"课程。人居环境科学的迅速发展，总结国际城市规划设计的经验并汲取其教训，促进了传统城市规划设计系统的改善，以建设"宜人的住区"为核心，指明了我国城市规划设计科学发展的一个方向。

❶ 陶立群. 中国人口老龄化的趋势和特点 [J]. 科学决策，2006，4: 8-10.

2005 年 12 月，中国城市科学研究会正式向建设部申报《宜居城市科学评价标准》立项。随后，通过课题组走访调研、举办学术会议、公开征求意见，于 2006 年 10 月通过专家初审，2007 年 4 月通过建设部科技司组织的评审验收。《宜居城市科学标准》的主要内容包括社会文明、经济富裕、环境优美、资源承载、生活便宜、公共安全六个方面，简繁得当、权重合理、可操作性强，达到了较高水平，对贯彻科学发展观、构建和谐社会，指导全国各城市规划、建设、管理具有较高的科学指导价值和实用价值。但这也仅仅是对城市宜居有了研究，而对农村老年宜居环境的研究不多。

鉴于当前相关研究局限，本课题采用"融合"的方法把各种学科融合到农村老年宜居环境中，针对浙江省农村老年人宜居环境的调研和访谈的实际情况，从关爱农村老年人和提高农村宜居环境建设方面出发，主要聚焦与解决以下问题：（1）理清浙江农村老年人宜居环境的状况，（2）构建浙江农村老年宜居环境评价体系，（3）提出浙江农村老年人宜居环境建设的措施和对策。

1.3　研究框架

本书的研究框架见图 1-1。

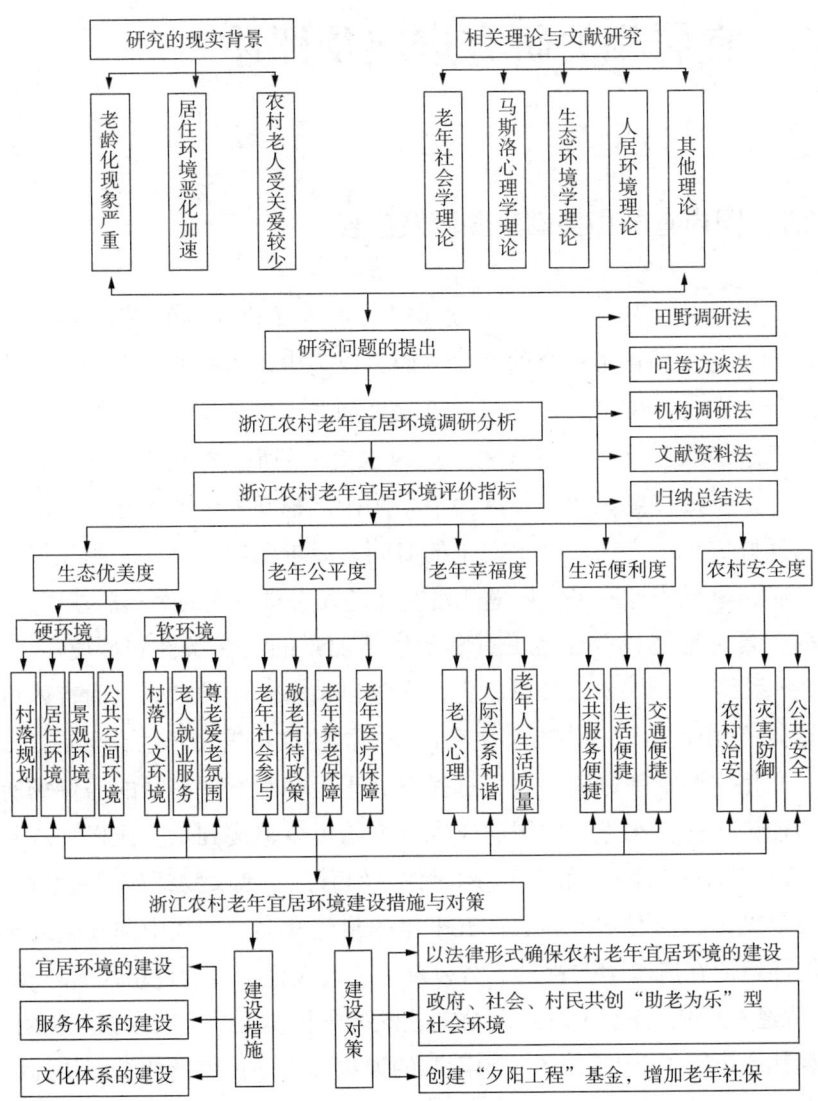

图 1-1　技术路线

2 宜居相关研究进展及评述

2.1 国内宜居相关理论渊源及进展

中国社会从远古的茹毛饮血时代进入文化开端的夏商周时代，占卜文化就涵盖了社会的许多方面，成为中国古代文化的重要组成部分。在古代中国，常常依靠直觉来创造宜居环境，并以阴阳五行等思想加以引导。《黄帝宅经》是风水史早期最重要的典籍之一，是现存最早的住宅风水书，认为宅是阴阳之枢纽，强调修建宅屋要先选择好方位、方向、破土动工的时间，以求阴阳相得。中国先民从穴居、巢居的野蛮居住环境开始慢慢进入农耕时代的茅草居住时代，都在自觉地选择并建造更有利于生活前景的居住条件和环境。《易经·系辞下》曰："八卦以象告，爻象以情言，刚柔杂居，而吉凶可见矣。"由此可知，占卜文化在古代中国扮演了重要角色。于是，占卜文化中渐渐地分离出属于选择有利于生存和发展前景的居住场所的理论——风水学。中国的风水学大约可以追溯到伏羲氏以"八卦定吉凶"（《易经·系辞上》）的时代。但有文字或文物记载的风水学，最早见诸殷商时期。随后在五千年的封建社会，古代中国社会的居住环境便在风水学的背景下努力营建"天人合一"的理想人居环境。《诗经·大雅·公刘》曰："笃公刘，既溥既长，既景迺冈，相其阴阳，观其流泉"，其中提出了"阴阳"的说法。中国传统的儒释道均提倡人与环境的统一、和谐共生。《考工记》则认为："天有时，地有气，材有美、工有巧、合此四者，然后可以为良"，也就是说，任何工艺设计都不是孤立的人的行为，而是在自然界这个大系统中各方面条件综合作用的结果。《考工记》同时也记载了西周都城的建设对选址、规划都十分讲究，用到了天文、地理、地质、地貌、水文、气象等知识。

老子的《道德经》曰："人法地、地法天、天法道、道法自然"，儒家更是直接提出"天人合一"思想。《孟子·公孙丑下》中，孟子认为："天时不如地利，地利不如人和。"这是一种天、地、人相互和谐的思想，并强调了"人和"的重要。晋代郭璞《葬经》是风水学理论的鼻祖，强调选择居住环境或建造宫廷居室，聚气藏风为吉，"气乘风则散，界水则止，古人聚之使不散，行之使有止，故谓之风水。风水之法，得水为上，藏风次之"。风水学伴随了我国古代文明社会发展过程，虽然缺乏科学依据，但某种程度上它成为中国古代选择和营造人居环境的参考。

明代计成《园冶》扬弃风水学的糟粕，继承并发展其精华，奠定了中国古代科学的宜居环境思想。其宜居环境思想主要体现在三个方面：宜体、宜人和宜神❶。宜体就是对建筑本身进行适宜的营建，如相地、立基营造要"得景随形"（《园冶》卷1《相地》）；建廊要依地势自然起伏，"任高低曲折，自然断续蜿蜒"（《园冶》卷1《立基·廊房基》），等等。宜人就是使人适宜。《园冶》在构建宜人的居住环境时，在合理配置水资源方面，提出"凡筑必理水，无水不成园"。如"卜筑贵从水面，立基先究源头，疏源之去由，察水之来历"（《园冶》卷1《相地》）。宜神可以理解为心旷神怡、天人合一，它是对居住环境的最高要求。《园冶》在论述造园理论和技艺中，始终贯穿了一个基本理念，即"虽由人作，宛自天开"（《园冶》卷1《园说》）。创造一个"人作"的人居环境，其最终要求必须达到宛如天成，不是自然、胜似自然，与自然生态环境融为一体，这就是《园冶》人居环境思想所追求的最高哲学境界和艺术境界。

晚明士人文震亨所著的《长物志》是中国古代众多造园学文献中非常优秀的一本著作，其造园美学思想提出造物观为"适"、美学观为"雅"和伦理观为"意"，对居住环境提出"门庭雅致，屋舍相宜"、

❶ 周燕，王江萍.《园冶》中的宜居环境思想及其现代运用 [J]. 城市建筑，2013，22：45-46.

"制具尚用，厚质无文"、"巧夺天工，各得其适"。《长物志》中"位置"卷道："位置之法，繁简不同，寒暑各异，高堂广榭，曲房奥室，各有所宜，即如图书鼎彝之属，亦须安设得所，方如图画。"陈设根据环境的繁简大小和寒暑易节而变化，在一个"宜"字——与环境谐调，才能得其归所，形成图画般的整体美和错综美。在营造居室园林时讲究诗情画意，突出"虚实相生"——掩映、映衬、疏密，"格韵兼胜"——意动、婉曲、雅格和"因景互借"——随宜、就势、巧借等。文氏在《长物志》"室庐"篇的总论中曾提及："随方制象，各有所宜，宁古无时，宁朴无巧，宁检无俗；至于萧疏雅洁，又本性生，非强作解事者所得轻议矣❶。"他认为园林建造应不拘泥于严整、对称、整齐的空间格局，建筑群体外部轮廓或规整或随意，院内各建筑物更倾向于"随地所宜"，因山就水，高低错落，以这种千变万化的景观铺陈来强化建筑与自然环境的完美融合❷。清代李渔的《闲情偶寄》把中国古代园林居住环境推向了另一个高度。李渔对居住环境提出要遵循因地制宜、师法自然的和谐之美，坚持以人为本、功能第一的原则，同时强调地域的"地脉"以及本土特色。建园造林应注意与原有生态系统、地域文化系统保持和谐共生，尽量避免或减少生态的破坏及孤立的建造。其《居室部》和《器玩部》强调空间环境和谐自然、家具物件尚奇求新、园林建筑巧妙通变。在建筑物与人的比例上，他认为"夫房舍与人，欲其相称"，提出房屋的尺度应遵循"以人为本"的原则，同时他认为居室空间应考虑人与空间的体量关系，房屋尺度高低要与人协调，明确指出房屋高大反衬人的矮小，面积宽大反衬人的瘦弱。他的生态保护、地域特色、和谐共生的思想对现代中国宜居环境建设具有重要的借鉴意义。中国传统人居思想简而言之就是"师法自然""贵在自然"。所以历代居室和园林的

---

❶ （明）文震亨．陈植校注．长物志卷——室庐海论[M]．南京：江苏科学技术出版社，1984：36-37.

❷ 谢华．《长物志气》造园思想研究[D]．武汉理工大学博士论文，2010，3.

建造者都是把人和居室置于大自然的环境中，体现人—居—环境的"天人合一"思想，这也是中国传统哲学思想。"把大自然的美景浓缩到有限的园林空间，使园林成为大自然美景的缩影，令人能从中偎依大自然的怀抱，观赏大自然的风光，感受大自然的生机，呼吸大自然的空气，乃至静听大自然的乐音，这是中国古代园林建筑最基本的要求" ❶。

2.2 西方宜居理论渊源及进展

如果说东方建筑史是一部以木头为主要材料的建筑史，西方建筑史就是一部以石头为主要材料的建筑史。古希腊是欧洲文明的发源地，古希腊建筑则是欧洲建筑的先河。在希腊神话时代，人们已关注人的体态美，注重从神、人的自身去建设，尤其在古希腊的古典时期，圣地建筑群艺术和神庙建筑完全成熟，建造了古希腊圣地建筑群艺术的最高代表——雅典卫城，也建造了古希腊神庙艺术的最高代表——雅典卫城中的帕台农神庙。宜居思想可以追溯到古希腊时代（公元前 800 ~ 146 年），柏拉图的《理想国》中就有不少相关的描述，亚里士多德则提出"建设城市的最终目的在于使居民们在其中幸福地生活"的宜居城市思想。伟大的古希腊建筑师们以数学的黄金比例来建造神殿、剧场、竞技场等公共建筑，从数学的模数开始探讨建筑自身的体量感和尺度感。所以说古希腊时期人们不仅注重建筑本体，还注重建筑与环境和神话世界的关系。古罗马伟大的建筑师马可·维特鲁威（Marcus Vitruvius Pollio）所著的《建筑十书》奠定了欧洲建筑科学的基本体系，他主张建筑应考虑"适用、坚固、美观"，同时强调建筑的整体、局部以及各个局部之间和局部与整体之间的比例关系，强调它们必须有一个共同的量度单位。这

---

❶ 黄艺农 . 中国古园林审美特征 [J]. 湖湘论坛，1998，6：61.

个量度单位简单说就是古希腊的人体美，他认为最和谐的比例存在于人体，人体是最美的，因此建筑应该仿照人体各部分的比例关系。同时《建筑十书》对住宅的建设也予以了关注，提出了生态建设理念。维特鲁威强调住宅的设计一定要结合基地的条件，充分应用天文学、地理学的知识与自然生态对话和呼应❶。

古罗马时期，对建筑的研究不仅对其的性质、位置、大小有明确的认识，而且开始关注环境、规划、实用和经济等，古罗马时期的人们认为自然是对世界的理解，相信数字之间的关系是用于解释宇宙秩序的，并在自然中寻找法则应用到建筑中。中世纪建筑理论是以经院哲学和神学为前提的，因此，建筑学在知识等级中处于较为低下的地位。整个中世纪时期人居环境的发展缓慢而艰难，这个阶段的相关理论研究大致有教堂建筑师马特豪斯罗力泽的《正确的塔尖营造手册》，介绍哥特式风格塔尖建筑的几何设计法；汉斯舒姆特梅耶的《尖塔教则》，为大致相同要素提供几何原理；圣奥古斯丁的《主观的自由》，将造型的形式归结为数字的结果；西卡德斯《礼仪教堂的职责综述》，用偶像学的描述方式对教堂建筑进行神学解释，认为建筑的象征性远比建筑审美与建筑理论要突出得多。

文艺复兴时期，基于对中世纪神权至上的批判和对人道主义的肯定，建筑师希望借助古典的比例来重新塑造理想中古典社会的协调秩序，注重人文主义，追求中心化平面、和谐的比例和透视学的应用。阿尔伯蒂（Leon Battista Alberti）是意大利文艺复兴时期的建筑师和建筑理论家，他继承了维特鲁威的思想，主张从环境因素考虑城市的建造，其《建筑论》一书提出了理想城市（Ideal City）的模式，认为：①城市街道由中心向外辐射，形成有利于防御的多边形星形平面；②中心设置教堂、宫殿或城堡；③城市由几何形体构成。文艺复兴时期的伟大艺术家、建筑师达芬奇在建筑与环境方面表现出了

---

❶ 董雅. 设计·潜视界：广义设计的多维视野 [M]. 北京：中国建筑工业出版社，2012.

卓越的才华，他主张"画家与自然竞赛，并胜过自然"，这种建造思想在人居环境设计上具有"超自然"的美学指导意义。在城市街道设计中，他将车马道和人行道分开，并开始注重建筑高度和街道宽度的关系。名画《维特鲁威人》表达了达芬奇以艺术形式对世界的一种思考，素描体现了完美的人体比例及人体"黄金分割"的概念。素描中人物与圆方组合的构思，是一种"天圆地方、月阴日阳"的哲学思考，也是对人性的唤醒。《圣经》对"天堂"的解释，基本意义就是"跟上帝在一个的地方"，"跟一切美善的源头同在，而跟所有的邪恶隔离的地方"，它为普世大众描绘了一个人间天堂的乌托邦式的人居环境场所。维尼奥拉（Giacomo Barozzi da Vignola）是意大利文艺复兴晚期著名的建筑师、园林设计师和建筑理论家，被称为那个时期手法主义和巴洛克大师。在园林居住环境方面，他强调建筑与环境、自然与艺术相融合。他是手法主义建筑和花园建造的最主要影响者，其《五种柱式规范》一书建立了一套新的建筑学教科书范式。安德烈亚·帕拉弟奥（Andrea Palladio）常常被认为是西方最具影响力和最常被模仿的建筑师，他的创作灵感来源于古典建筑，对建筑的比例非常谨慎，而其创造的人字形建筑已经成为欧洲与美国豪华住宅和政府建筑的原型。其著名的《建筑四书》第二卷描述了住宅设计图和古典建筑复原图，尤其是乡村住宅建筑，提出乡村庄园建筑建造时要注重庄园的选址、场地和位置。他认为住宅场地首先要考虑方便性，居住环境的水和空气质量良好，选址方向要符合地理风向等。此后他的建筑风格被称为"帕拉弟奥式"，风靡于欧洲各国。

　　一般认为，20世纪50年代，西方学者首先提出了现代人类宜居环境理论；20世纪60年代，希腊著名规划师道萨迪亚斯（C. A. Doxiadis）提出"人类聚居学"的学术思想，随后全世界开始探讨宜居环境理论和实践。1961年，世界卫生组织（WHO）总结了满足人类基本生活要求的条件，提出了居住环境的基本理念，即安全性

（safety）、健康性（health）、便利性（convenience）和舒适性（amenity），并以该理念为基础提出了"健康的居住生活环境"，即"在安全中追求享受，在健康中追求舒适，营造高效率的生活"的环境。

进入 21 世纪，绿色、自然、环境、生态成为新世纪的热点。

2.3　国外宜居城市理论渊源与进展

宜居城市的概念是随着人类生产力的发展而逐步提出来的。在国外，关于宜居城市的思想渊源最早可以追溯到古希腊的雅典卫城，人本主义思想和公正平等政体意念占有重要地位。古希腊众多的哲学思想家——苏格拉底、柏拉图、亚里士多德等，为了使城市人在城市生活得更好，不断探求他们心目中理想的国家和城市形态。苏格拉底认为，就人生幸福而言，没有什么比城邦和尘世生活的自然发展更好；亚里士多德则提倡城市中的财产应私有公用，公民应轮流执政并必须实行法治，城邦规模应适中等，所有这些都反映出古希腊人对城市美好生活的向往与追求，也是西方文明对城市宜居性最早的探索。纵观国外宜居城市研究，可以发现宜居城市探索从 19 世纪末开始，经历了萌芽期、雏形期、形成期及成熟期四个阶段 ❶。

（一）萌芽期

19 世纪末田园城市理论被普遍认为是宜居城市的萌芽思想。在这一阶段，发达国家城市化发展速度加快带来了一系列如社会矛盾、环境恶化等"城市病"，人类生存环境和人居生态系统都在发生巨大的变化，有的甚至已经遭受了巨大的破坏，城市地区人居环境的可持续发展面临着严峻挑战，于是许多学者和专家从自身的研究领域出发，对城市的宜居性进行探讨。

---

❶　董晓峰，杨保军等 . 宜居城市评价与规划理论方法研究 [M]. 中国建工出版社，2010.

最具有代表性的就是霍华德（Ebenezer Howard）于 1898 年出版的《明日：一条通向真正改革的和平道路》（*Tomorrow: a Peaceful Path to Real Reform*），标志着人类研究城市宜居性的开始，此书再版时改名为《明日的田园城市》。霍华德认为，建设一个功能完整的城市和有机的城乡动态平衡体，使人们能够生活在既有良好社会经济环境又有美好自然环境的新型城市之中。他在英国发起了"田园城市"运动，先后构建了伦敦外围莱奇沃思和韦林两座田园城市。1915 年，格迪斯（Patrick Geddes）出版了《进化中的城市》一书，提出城镇集聚区的概念。他强调"人类社会必须和周围的自然环境在供求关系上取得平衡，才能持续地保持活力，荒野也是人类住区的组成部分，是文明生活的靠山，要平等地对待大地的每一个角落"。美国学者泰勒（Taylor）提出"卫星城"（Satellite Town）理论，1915 年出版《卫星城镇》一书，认为卫星城是大城市体系中的一个层次，是依附于大城市，与大城市联系紧密，处在大城市周边而又相对独立的中小城市。英国以工作和生活相结合为原则指导卫星城建设，美国以"精明增长"理念支撑卫星城建设，日本以地方文化特色引导卫星城建设，韩国以完善的配套设施推进卫星城建设。1925 年，勒·柯布西耶（Le Corbusier）出版了《城市规划设计》，提出"现代城市"（Contemporary City）理论。他主张提高城市中心区的建筑高度，向高层发展，增加人口密度。1926 年，伯吉斯（E.W.Burgess）出版的《都市社区》一书促进美国学者在研究城市宜居性时以社会学为研究重点。1929 年，美国人佩里（Clarence Perry）首先提出"邻里单位"的概念，认为城市区域应该用"邻里"来表现，让居民有一个舒适、方便、安静、优美的居住环境，并在心理上对居住的地区产生一种"乡土观念"。1933 年，国际现代建筑协会（CIAM）通过了现代城市规划大纲——《雅典宪章》，从人的发展需要出发，提出了城市居住、工作、游憩与交通的功能分区，并强调"居住是城市的第一功能"。美国建筑师赖特（Frank Lioyd Wright）主张"广亩城市"（Broad acre）理论，即反集中的空间分散规划理论。他 1935 年发表了《广亩城市》一文，认为大都市将死亡，美国人将走向乡村，家庭和家庭之间要有足够的距离，以减少接触来保持家庭内部的稳定。1938年，芒福德（Lewis Mumford）倡导城市的地域性，利用地域景观环境，使城市环境变得自然而适于居住。1942 年，芬兰建筑师伊利尔·沙里宁（Eliel Sarrinen）提出城市有机疏散理论，他认为城市作为一个机体，它的内部秩序实际上和有生命的机体内部秩序是一致的。

在宜居城市研究的萌芽期，虽然宜居城市概念尚未被专家学者以正式学术术语提出，但是对城市问题的探索却从各个学科领域进行，这为以后的宜居城市研究奠定了良好的学科基础。

（二）雏形期

第二次世界大战后至 20 世纪 70 年代这一时期为宜居城市研究的雏形期。人类聚居学的诞生是宜居环境理论产生的标志，此后，诸多学者在城市宜居性方面开始侧重于对人居环境的综合性研究。1954 年，希腊学者道萨亚迪斯（Doxiadis）提出了"人类聚居学"的概念，强调从自然、人、社会、建筑物和联系网络五个要素的相互作用关系综合研究人居环境 ❶。

20 世纪 60 年代，简·雅各布斯（Jane Jacobs）在《美国大城市的死与生》论著中，对城市的宜居性提出质疑，呼吁社会创建适宜人类居住的城市。1961 年，世界卫生组织（WHO）总结了满足人类基本生活要求的条件，提出了居住环境的基本理念——安全性（safety）、健康性（health）、便利性（convenience）、舒适性（amenity），并以该理念为基础提出了"健康的居住生活环境"，也即"在安全中追求享受，在健康中追求舒适，营造高效率的生活"的环境。这为居住环境评价提供了基本指标，以国际组织的影响力在全球推动了居住环境的建设。1963 年，世界人居环境学会（World Society of

---

❶ 吴良镛 . 人居环境科学导论 [M]. 北京：中国建筑工业出版社，2001.

Ekistics）成立。1976 年，联合国在温哥华召开首次人类住区大会（Habital I），并正式接受"人类聚居"概念，在内罗毕成立了"联合国人居中心"（UNCHS），开始了广泛的关于人居环境研究的促进工作，这标志着人类对城市宜居性的研究正式进入雏形期。

（三）形成期

20 世纪 80 年代后期，对城市宜居性的研究进入形成期。城市自身问题愈发严重，贫富差距越来越大，环境污染严重，生态环境受到破坏，城市安全问题逐渐凸显，于是城市宜居性研究就成为这个阶段学术界研究的新方向。1985 年，由亨利·林纳德（Henry Lennard）发起建立国际宜居城市研究组织，认为宜居性意味着我们自己在城市里是一个真正意义上的人，一个宜居的城市不应该对人有所压制 ❶。国际宜居城市研讨会（The International Making Cities Livable Conference）的建立是宜居城市思想形成的标志。1985 年 12 月 17 日，联合国第 40 届大会确定每年 10 月的第一个星期一为"世界人居日"（World Habitat Day），亦称"世界住房日"。联合国每年还为世界人居日确定一个主题，并在一个城市举办"世界人居日"全球庆典活动。1987 年，联合国提供的《我们共同的未来》报告反映了人居环境可持续发展的趋势。1989 年，联合国人居署（原联合国人居中心）开始创立"联合国人居奖"。1992 年，《21 世纪议程》中"人类住区"章节指出"人类住区工作的总目标是改善人类住区的社会、经济和环境质量以及所有人，特别是城市和乡村贫民的生活和工作环境"。1993 年，美国新都市主义主张改变二战以来城市郊区盲目扩张的局面，建设布局更为紧凑的、村居式社区，形成以步行和公共交通为主的邻里或城市体系。1994 年，西蒙兹（John O. Simonds）指出 21 世纪的园林城市应该是富有表现力的城市、功能的城市、便利的城市、合理的城市、完整的

---

❶ Casellati. A. The nature of liavbility. In S.H.Lennard，S.Von Ungern-Sternberg，H.L.Lennard（Eds.），Making citis livable，International Making Cities Livable Conferences.Califomia，USA：Gondlier Press，1997.

城市，认为它们将更适合人们居住。1996 年第二届联合国人居大会在
伊斯坦布尔召开，被称为"全球城市峰会"。大会对 20 世纪 90 年代
一系列联合国大会进行了总结，形成了划时代的《人居议程》，将人
类栖息地改善当作联合国新时期的关键使命，并达成一系列共同原则
与目标，建立了国际标准和方针，设立了一种政府承诺并向联合国进
行常规汇报的动态机制，建设宜居城市、宜人住区成为全球政府与非
政府组织促进人类共同发展的理想与纽带 ❶。1997 年，国际宜居城市研
讨会出版了 *Making Cities Livable* 一书，该书对城市宜居性建设产生了
很大的影响。

（四）成熟期

进入 21 世纪后，以信息化、科技化、全球化时代的到来和可
持续发展思想的形成为时代背景，城市建设开始朝着生态、绿色、
多元、环保、可持续与高科技等方向发展，人类在不断改善与提高
自身人居环境的同时，其他新的城市问题也接踵而至，比如金融危
机、恐怖袭击、"非典"爆发、印度洋海啸对东南亚沿海城市的袭
击等，这让诸多城市更加重视城市的协调发展，安全、健康、生态
成为宜居城市建设的主要要求。1997 年，哈尔韦格（D.Hahlweg）
认为，在宜居城市中，能够享有健康的生活，能够很方便地到达要
去的任何地方——不论是采取步行、骑车、公共交通或是自驾的方
式。宜居城市是一个全民共享的生活空间 ❷。萨尔扎诺（E.Salzano）
从可持续的角度发展了宜居的概念，认为宜居城市连接了过去和未
来，它尊重历史的烙印（我们的足迹），尊重我们的后代 ❸。2001 年，

---

❶ 王德利.北京宜居之都建设理论与实践研究 [M].知识产权出版社，2012：13.

❷ Hahlweg，D. The city as a family.In S.H.Lennard，S.Von Ungern-Sternberg，H.L.Lennard
（Eds.）.Making citis livable，International Making Cities Livable Conferences.Califomia，
USA：Gondlier Press，1997.

❸ Salzano，E. Seven aims for the livable city.In S.H. Lennard，S.Von Ungern-Sternberg，H.L.Lennard
（Eds.），Making citis livable. International Making Cities Livable Conferences.Califomia，USA：
Gondlier Press，1997.

联合国在人居中心的基础上成立了人居环境署，标志着全球人居环境和宜居城市建设进入成熟阶段。联合国人居署发布的第一份全球住区报告——《全球化世界中的城市：全球人类住区报告 2001》以城市宜居性为主题，在国家、地区、城市与民众的社会参与和响应上进入新境界，标志着城市"宜居性"成为全球各地城乡居民的一个共同视点。2001 年，雅萨米（Asami）强调城市环境的可持续性。他认为，对于人们居住的环境，不仅要从个人获得（或损害）利益的角度来考察，如"安全性""保健性""便利性""舒适性"等，也要考虑个人对整个社会作出了何种程度的贡献，即必须建立起"可持续性"的理念 **❶**。2002 年道格拉斯（M.Douglas）认为环境福祉、个人福祉和生活世界是宜居城市的重要组成部分。环境福祉包括洁净和充足的空气、水、土等，以及废弃物的处理能力和环境正义等；个人福祉包括减少贫困，增加就业、教育与医疗设施等；生活世界主要是指城市中的社会性，强调城市中的社会空间，如绿地或其他公共空间等，它反映城市居民对生活满意度的主观评价 **❷**。2002 年，埃文斯（P.Evans）认为城市的"宜居性"概念包括两个方面的意义，适宜居住是其中之一，宜居城市还应该符合生态可持续发展的要求 **❸**。

综上所述，国外对宜居城市的理解已从社会学、地理学、城市规划学、生态学、人居环境学、景观学等各种学科出发，甚至是各个不同学科的综合，居民生活质量、城市的可持续发展潜力以及城市应对危机和困难的可适应性也是今后宜居城市发展的重要内容。

---

❶ Asami，Y.Residengtial environment：methods and theory for evaluation.University of Tokyo Press，2001.

❷ M.Douglas，M. From global intercity competition to cooperation for livable cities and economic resilience in Pacific Asia. In Environment and urballizadon，2002，14（1）：53-68.

❸ Evans.P.（Ed.）.Livable cities & urban struggles for livelihood and sustainability，California，USA：University of California Press Ltd，2002.

2.4 国内宜居城市理论渊源及进展

我国传统的宜居思想源于周朝，那时候人们根据占卜、风水文化思考人与天地的关系，认为人是宇宙的一部分，人、城市和国家的发展要符合宇宙的发展，中国先人们始终都是以环境作为主要对象进行天人合一的思考。而真正意义上提出宜居城市的针对性研究是从 20 世纪 90 年代开始的，我国宜居城市的研究大致可以划分为两个阶段。

2.4.1 宜居城市研究的兴起

吴良镛院士倡导的人居环境科学是我国现代宜居城市研究兴起的标志。吴院士在该方向的主要工作有：1993 年，在中国科学院技术科学部学部大会上第一次正式提出建立"人居环境科学"的倡议；1995 年 11 月在清华大学成立"人居环境科学概论"课程；2001年，倾注多年心血的巨著《人居环境科学导论》出版，产生了很大的学术影响，促进了我国新时期城市发展与规划学术思想的主流方向的形成 ❶。1994 年，颁布了《中国 21 世纪议程》，对人类住宅可持续发展明确提出六大核心议题：城市化与人类住区管理、基础设施建设与完善人类住区功能、改善人类住区环境、向所有人提高适应住房、促进建筑业可持续发展、建筑节能和提高住区能源利用效率。1999 年的《北京宪章》更是提出要创造美好宜人的生活环境，要在有限的地球资源条件下，建立一个更加美好、更加公平的人居环境。1999 年，李王鸣、叶信岳等通过问卷调查对杭州城市人居环境作出评价，归纳总结了关于城市人居环境建设的几点结论性意见和有关启示。1999 年，方可在《生态化、宜人性与文化特色——创建 21 世

---

❶ 董晓峰，杨保军等 . 宜居城市评价与规划理论方法研究 [M]. 中国建工出版社，2010：21.

纪中关村人居环境》一文中提出了中关村的规划建设要瞄准世界一流，强调"人居环境建设"，追求生态化、宜人性和开放性。

2.4.2　宜居城市研究的发展阶段

从 21 世纪初，国人开始重视宜居城市的研究，不同的专家学者从自己的专业领域对宜居城市进行了各项研究，提出了各种研究方案和相关实践案例。以吴良镛院士为代表，中国对宜居城市的研究进入发展阶段。2001 年 10 月出版的《人居环境科学导论》系统地介绍了人居环境科学的兴起、发展与主要理论方法，为宜居城市提供了相应的研究理论基础。2005 年 1 月，国务院批复北京城市总体规划，首次出现宜居城市的概念。同年 7 月，国务院在全国城市规划工作会议上要求各地把宜居城市作为城市规划的重要内容。宜居城市至此成为我国新的城市理念。国家建设部科技司 2007 年 5 月通过《宜居城市科学评价标准》以来，国内很多城市把宜居城市作为城市发展的目标，通过争创宜居城市提升城市管理水平，打造城市品牌，同时通过提升城市形象，营造更好的创业与生活环境，增强城市的吸引力、凝聚力和竞争力。同年 11 月上旬，广东清远市被中国城市国际协会正式授予"宜居城市清远"牌匾，成为中国城市国际协会认可的第一个中国宜居城市。在此背景下，不少学者开始对宜居城市进行研究。

相比较而言，国内学者对宜居城市研究主要集中在标准评价方面，相关研究成果非常丰富。刘爱姣（2003 年）针对漯河市提出建立"生态宜居城市"的概念。任志远（2005 年）将宜居城市理解为康居、易居、逸居和安居。他指出宜居城市要有充足的就业岗位，是社会和谐、环境优美、文化有个性、基础设施完善配套的城市 ❶。袁锐（2005 年）

---

❶　2014 中国十佳宜居城市排行榜 . 中国城市竞争力研究会 . 2014-10-23[引用日期 2015-12-27].

认为，宜居城市就是经济、社会、文化、环境协调发展，人居环境良好，能够满足居民物质和精神生活需求，适宜人类工作、生活和居住的城市。"宜人性"是对宜居城市最基本的要求，也就是使居民感到安全、舒适、放松，因此，宜居城市至少应该包括经济发展度、社会和谐度、文化厚度、生活舒适度、景观怡人度和公共安全度六个方面的判别标准 ❶。从 2005 年 1 月开始，《商务周刊》与零点研究咨询集团联合进行了针对"中国城市宜居指数"的多阶段探索性调查研究，得出《中国城市宜居指数 2005 年度报告》和 31 座城市的宜居指数排名。同时它们也以此为基础，展开连续性的年度调查和跟踪研究，此后每年发布一份年度报道和中国城市宜居指数排行。中国城市竞争力研究会自 2005 年开始运用《GN 中国宜居城市评价指标体系》对中国 289 个城市进行调查、研究、评价，主要包括生态环境健康指数、城市安全指数、生活便利指数、生活舒适指数、经济富裕指数、社会文明指数、城市美誉度在内的 7 项一级指标、48 项二级指标、74 项三级指标 ❷。李丽萍（2006 年）认为宜居城市应该景观优美宜人、经济持续繁荣、生活舒适便捷、公共秩序井然有序、文化丰富厚重、社会和谐稳定 ❸。张文忠（2007 年）则强调，健康、生态环境良好、生活方便、出行便利、良好的邻里关系、和谐的社区文化、城市的历史和文化、健全的发展秩序、完备的防灾与预警系统、安全的日常生活环境和交通出行系统 ❹。楚建群和董黎明（2007 年）认为，宜居城市必须满足居民多方面的需求，宜居目标要从当地的实际情况出发，因地制宜，不能套用同一发展、评价模式 ❺。2007 年，由建设部正式发布的《宜居城市科学评价标准》，通过社会文明度、

❶ 袁锐. 试论宜居城市的判别标准 [J]. 经济科学，2005，4.

❷ http://wenku.baidu.com/link?url=LncWZJlepPxt-fQUQCTW-vpHa4205NitzoEuiiGp9UgaWS1J9wuSSlq8 vmq69RG4fl3KSgQHxlv-tXNkmQv5jAo93F2IB9p-WupX3OSTqbm.

❸ 李丽萍等. 一句城市建设研究 [M]. 北京：经济日报出版社，2007.

❹ 张文忠. 城市内部居住环境凭借爱的指标体系和方法 [J]. 地理科学，2007，2（27）：17-22

❺ 楚建群，董黎明. 创造良好的城市宜居环境 [J]. 北京规划建设，2007（1）：46-47.

经济富裕度、环境优美度、资源承载度、生活便利度和公共安全度六大指标体系，计算城市"宜居指数"，成为我国宜居城市规划、建设、管理一个导向性的科学评价标准。吕传延等（2008 年）从遵循人与自然和谐永续发展的资源承载体系、以市民需求为导向的公共设施体系、公民共享的高品质城市环境三大目标导向策略对广州进行宜居城市研究。王晓旭、王敬川（2010 年）从城市文化精神建设的角度研究宜居城市，认为我国宜居城市建设应该以形成城市文化特色为主要任务。江曼琦、翁羽（2010 年）认为，经济发展是宜居城市的基础，合理的产业结构是建设宜居城市的必要前提。杨静怡等（2010 年）认为，城市绿化是宜居城市建设的重要部分。秦琴等（2010年）从法律保障体系探析重庆宜居城市建设。石成春（2011 年）基于 SWOT 分析，从环境资源的优劣点及城市发展面临的挑战和威胁方面分析福州的宜居城市发展。董晓峰、杨保军（2008 年）从城市宜居性与安全性方面探讨宜居城市理论系统构建。戴俊骋等（2011 年）以关联矩阵法研究中国老年人宜居城市评价指标体系，构建了中国老年人宜居指标体系，整个指标体系分为老年人宜居环境公共指标和专项指标两大块内容，共 8 个二级指标，33 个三级指标。张明斗、王雅莉（2012 年）从低碳、慢城方面创建宜居城市新模式。2012 年，河北省城乡规划委员会第十一次全体会议在河北省石家庄召开。时任河北省副省长的宋恩华在会上强调，要着力打造生态宜居城市建设样板，严格执行"三区""五线"制度，把生态理念落实到规划、设计、施工、验收、运营等各环节。王小双等（2013 年）以定量指标与定性指标，从城市经济、文化教育、基础设施、生态环境和社会保障五个方面构建天津生态宜居城市。王先鹏（2013 年）认为，"以人为本"应该成为宜居城市评价和建设的核心。熊国平等（2014 年）提出完善生态绿网、构建公交和慢行优先的交通体系、传承文化打造特色城区、营造一镇一品的精致城镇和建设美丽乡村等宜居城市规划对策。金晶等（2014 年）提出城市老年宜居环境建设因素包括

"生态环境硬资源"和"人文环境软资源"两大主要主导因素，指出我国老年宜居城市建设应重视公共安全状况、重视生态保护、重视发展旅游经济、重视城市公共服务环境建设、重视文化养老。李占国（2015 年）强调生态和宜居是城市建设的两个方面，在城市规划中突出生态宜居理念就是按城市生态学原理建设城市，科学合理地利用、保护和发展生态。张晓芳（2015 年）以统计数据为基础，评价苏州市生态宜居城市建设的质量，并提出了苏州生态宜居城市建设的途径。刘亚娜（2015 年）以人口老龄化问题为线索，立足于城市可持续发展的问题框架，对北京如何构建较为全面的老年人保障与社会服务体系进行了理论探索，提出了基于生态和谐、可持续发展，建构宜居城市的理念。

2.5　国外宜居农村建设进展及评述

"宜居农村"概念是随着宜居城市理念的发展而渐渐进入人们的视野的。16 世纪，莫尔的《乌托邦》已勾画出理想的人居环境蓝图。1817 年，罗伯特·欧文根据他的社会理想提出"新协和村"（图 2-1），他认为天井、胡同、小巷与街道易形成许多不便，卫生条件也差，

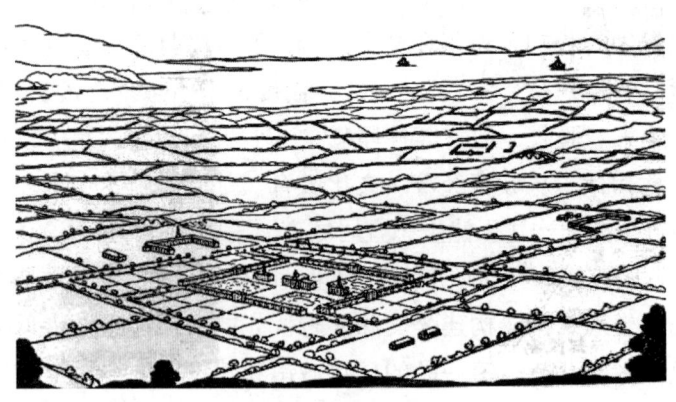

图 2-1　欧文的新协和村

主张村子采用近乎正方的长方形布局。村的中央以四幢很长的居住房屋围成一个长方形大院，院内有食堂、幼儿园与小学等，大院空地种植树木，供运动和散步之用。住宅每户都不设厨房，而由公共食堂供应全村饮食。以篱笆围绕村的四周，村边有工厂，村外有耕地和牧地，篱内种果树。村内生产和消费计划自给自足，村民共同劳动，劳动成果平均分配，财产共有。未来社会将按公社（Community）组成，土地划归国有，分给各种公社，实现部分共产主义。最后农业公社将分布于全世界，形成公社的总联盟，而政府将消亡，形成理想的"共产村"。

1898 年，霍华德出版了《明日：一条通向真正改革的和平之路》一书，提出"田园城市"（Garden City）的概念，认为建设理想的城市，应兼有城和乡二者的优点，并使城市生活与乡村生活像磁体一样相互吸引、共同结合，这个城乡结合体就是田园城市 ❶。田园城市理论建立的城市构架，试图从"城市—乡村"这一层面来解决城市问题，把城市更新改造放在区域的基础上，从而跳出就城市论城市的传统观念。英国乡村宜居环境发展经历了生产主义阶段、分化重组阶段和新发展阶段。在霍华德提出"田园城市"之后，英国政府在生产主义阶段开始注重农业用地空间，由国家主导对农村进行合理规划。针对乡村社区的衰弱与环境问题，提出"用地保护规划"，20 世纪初期提出"绿隔"（the Green Belt）和"国家公园"（National Parks）政策，1949 年出台了"国家公园与乡村可达性法案"（Natianal Parks and Access to the Countryside Act of 1949），其目标就是保护自然环境优美、野生动物及文化遗产丰富的乡村地区免受城市侵扰。在分化重组阶段，英国政府提出"导引规划"和"以人为中心"。此阶段环境保护仍然是发展的前提和规划监督的重要内容，强调"听从乡村人们的意见"和"与当地人民合作而不是寻找自上而下的结论"

---

❶ E . Howard. Garden Cities of Tomorrow[M]. Faber and Fabel, London, 1946.

（Lowe，1996）。在新发展阶段，2004 年，英国政府提出"空间规划"的概念，其含义是"将规划放在空间发展进程中的核心位置，不仅是作为土地和资源使用的调遣员，而是主动对影响空间发展的各种政策、行动进行战略调整的协调者，以实现可持续发展目标"❶。

　　20 世纪 70 年代以后，随着环保和生态意识的觉醒，德国开展了"我们的乡村应更美丽"的乡村转型（图 2-2）。90 年代以来，可持续发展理念融入村庄更新与实践，乡村地区的生态价值、文化价值、旅游休闲价值被提高到和经济价值同样重要的地位。一些学者甚至提出"村庄是未来"的口号。德国农村建设主要通过贯彻可持续发展理念、发展生态农业、自下而上规划、保证规划的科学性和针对性、实施村庄更新计划、缩小城乡差距、完善社会保障制度和公共服务体系等来保证农村宜居环境的建设。

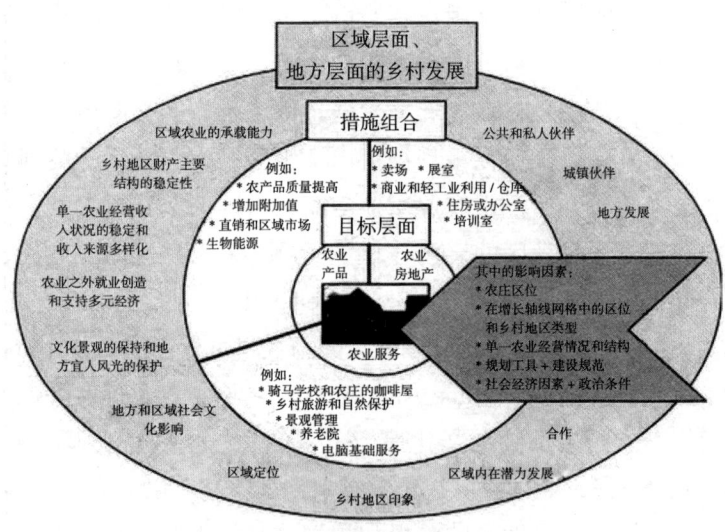

图 2-2　德国"我们的乡村更美丽"建设

---

❶　V. Nadin. The emergence of the spatial planning approach in England.[J]. Planning. Practice & Research，2007，22（1）: 43-62.

二战以后，日本的农村建设经历了三个阶段。第一阶段为1956～1962年，旨在实现"新农村建设构想"，即在国家政策和财政支持下，最大限度发挥农民的自主性和创造性，在强化农业基本建设的基础上，推进农民合作，提高经营水平。在这个阶段，日本政府的新农村建设主要集中于农村农田基本建设，水电、广播、畜牧业等公共设施的建设。第二阶段为1967～1979年，旨在实现"经济社会发展计划"，即继续加大农业生产和农民生活的基础设施建设力度，全面缩小城乡差距，提高农业和农村的现代化水平。这个阶段日本政府主要投入农田水利基本建设和对农村生活环境的改善，开始关注生态环境的可持续发展。第三阶段始于20世纪70年代末的造村运动，其出发点是以发展农村产业为手段，促进地方经济的发展，振兴逐渐衰败的农村。主要是通过"一村一品"运动，因地制宜地发展农村环境。日本的新农村建设的最主要成果在于用法律保障财政资金对农田水利等基本设施的建设，用生态、绿色、环保的理念打造"一村一品"来实现宜居农村。

日本政府创建宜居农村主要是加强环境意识和创造村落特色，也就是"一村一品"，主要从以下五个方面进行营建。

（1）人：地方意见领袖，有组织有能力，唤起造村运动共识，带领农村建设者，以及著名的历史人物、拥有特殊技艺的人等，带动地方住民活动，如环境保护、国际交流、节庆祭典等。

（2）地：指自然资源，如温泉、青山、绿水、雪、土壤、植物、梯田、盐田、沙洲、湿地、草原、鸟、鱼、昆虫、野生动物等。

（3）产：指生产资源，农林渔牧产业、手工艺、饮食、加工品、艺术品，以及拓展产业机能的观光、休闲、教育、体验农业、市民农园及农业公园等。

（4）景：指自然或人文景观，如森林、云海、湖泊、山川、河流、海岸、夕阳、星星、古迹、地形、峡谷、瀑布、庭园、建筑等。

（5）文：各种文化设施与活动，如寺庙、古街、矿坑、传统工艺、石板屋、童玩，以及有特色的美术馆、博物馆、工艺馆、研究机构，传统文化与习俗活动等。

经过了 30 多年的淬炼，日本人慢慢发展出一套逻辑思考，认为地方的活化，必须从盘点自己的资源做起。只要对一两项资源特色好好运用、发展，就可以让地方免于持续萧条。

韩国在 20 世纪 60 年代末通过新村运动、官民一体建设家乡，加快农村经济发展和社会进步。新村运动初期，政府把工作重点放在改善生活环境上，通过一系列实实在在的开发项目和建设工程，增加了农民的收入，改变了农村面貌，得到了广大农民的拥护和称赞（图 2-3）。韩国新村运动主要分为五个阶段。第一阶段为基础建设阶段（1971 ～ 1973 年）。这一阶段的目标是改善农民居住条件，如改善厨房、屋顶、厕所，修筑围墙、公路、公用洗衣场，改良作物、蔬果、畜禽品种等。新村运动经过基础建设阶段，初步改变了农村的生活居住条件，调动了广大农民立足家乡、建设家乡的积极性。第二阶段为扩展阶段（1974 ～ 1976 年）。这个阶段，新村建设的重点从改善农民生活居住条件发展为居住环境和生活质量的改善和提高，包括修建村民会馆和自来水设施、生产公用设施，新建住房，发展多种经营。政府对新村指导员、国家各级公务员、社会各界负责人分批进行了新村教育；对卓有成就的农村提供贷款，并在各方面提供优惠政策；动员理工科大学和科研院所的教师、科技人员轮流到农村巡回讲授和推广科技文化知识和技术。第三阶段为充实和提高阶段（1977 ～ 1980 年）。这个阶段，农村建设重点放在鼓励发展畜牧业、农产品加工业和特产农业上，并积极推动农村保险业的发展。同时，为推动乡村文化的建设与发展，为广大农村提供各种建材，支援农村的文化住宅和农工开发区建设。这一阶段的新村运动从政府主导的"下乡式运动"转变为民间自发的、更加注重活动内涵、社会发展规律和社会实效的群众活动。第四阶段为国民自发运动阶段（1981 ～ 1988

年）。在这一阶段，政府大幅度调整新村运动的政策与措施，建立和完善全国性新村运动民间组织，培训和信息宣传工作改由民间组织承担。大力发展农村金融业、流通业，改善农村生活环境和文化环境，继续提高农民收入。这个阶段农村的经济收入和生活水平已接近城市居民的生活水准。第五阶段为自我发展阶段（1988年以后）。政府倡导全体公民自觉抵制各种社会不良现象，并致力于国民伦理道德建设、共同体意识教育和民主与法制教育，村落环境、文化、生态得到很好的发展。

图 2-3　韩国新村运动建设

印度克拉拉邦的农村环境建设主要得益于人民科学运动，这项运动开始于 1962 年，至今已有 50 多年的发展历史，大体上分为四个阶段。第一阶段为宣传发动阶段（1962 ~ 1978 年）。其目标是用基层人民熟识的语言来宣传科学，提高农民的文化知识。第二阶段为科学普及和农村社区建设的实验阶段（1978 ~ 1986 年）。主要是以民间艺术与街头剧场等形式作为媒介，宣传科学理念。第三阶段为科学实践阶段（1986 ~ 1996 年）。工作重点是推动全民识字，让人们不仅能读书看报，还培养他们改造生存环境的能力。第四阶段为人民计划运动阶段（1996 年以后）。政府为民众搭建全民参与的舞台，让当地所有民众意识在参与社会生活的过程中得到提升。同时在开发农村资源时注重农村环境的保护，尊重所有人的尊严，协调人与自然的关系。在能源开发方面，注重本地材料的运用，讲求生态的本地经济技术开发。

通过以上国外乡村建设经验，可以总结出乡村建设的一些共性。乡村建设运动的发起主要是基于不同发展阶段所面临的不同农村问题的大背景，对乡村生态及文化的保护成为发达国家乡村建设的重点。国外乡村建设的经验可以总结出以下几点共性：

（1）政府主导，规划先行。虽然发达国家是市场体制国家，但乡村建设运动发动的主体仍然是政府，只有政府主导才能发动大规模的乡村建设运动。同时西方发达国家尤其是德国和英国非常重视乡村建设规划的制定。规划的制定能更好地减少未来建设的不确定性，公众参与又能尊重当地居民的选择，让居民主动参与到乡村建设中，确保乡村建设的顺利实施。

（2）重视公共基础设施建设。乡村与城市的重大差距之一就是乡村地区的公共基础设施不足。基础设施建设是改善农村生活条件的基本措施，西方发达国家不惜花费重金建设乡村公共基础设施，以此缩小城乡之间的差距。

（3）改善生活条件与发展产业并重。乡村产业是乡村经济兴旺与持续的基础。在改善生活条件的同时，注重农村产业的发展。增加农业的科技投入、发展绿色农业、开辟休闲旅游业成为振兴乡村经济的重要措施。

（4）制度完善，法规保障。发达国家重视制度建设，对乡村建设也出台了相关的法规，美国、日本都有关于乡村建设的专门性法规来保证乡村建设的合法性与有序性。

2.6　我国宜居农村建设进展及评述

农业是人类社会进步的物质基础，对于拥有着几千年农业历史的中国，更是有着极其重要的意义。自新中国成立后，中国农村建设大致经历了六个阶段。第一阶段为自给自足阶段（1949 ~ 1966年）。新中国刚成立，百业待兴，农村还处于原始的自给自足阶段，尤其在 1958 年，由于受到"左"倾思想影响，农村发动了"大跃进"运动和人民公社运动，农村经济受到严重打击，这时的农村建设几乎处于停滞状态。第二阶段倒退阶段（1966 ~ 1976 年）。这个时期中国处于"文化大革命"阶段，整个中国经济向后倒退几十年。第三阶段为农村改革起步阶段（1976 ~ 1988 年）。这个阶段中国农村实行改革，其核心内容是实行以家庭承包经营为基础、统分结合的双层经营体制，其实质是从计划经济体制转变到市场经济体制上来，逐步建立与社会主义市场经济发展要求相适应的农村经济体制和基础社会治理体制，整个农村经济开始复苏，提出了"农村城镇化"的口号。第四阶段为农村改革停滞阶段（1988 ~ 1998 年）。这个阶段出现了"三农综合征"。可喜的是，1998 年 11 月，九届全国人大常委会第五次会议通过修订后的《中华人民共和国村民委员会组织法》，中国亿万农民实行自治，这是世界空前的举措。第五个阶段为基础建设阶段（1998 ~ 2008 年）。1998 年 10 月，党的十五届三中全会通过了《中共中央关于农业和农村工作若干重大问题的决定》，深刻总结了我国农村改革 20 年的基本经验，首次提出了"农业、农村和农民问题是关系我国改革开放和现代化建设全局的重大问题"。2005 年 10 月，中国共产党十六届五中全会通过《十一五规划纲要建议》，提出要按照"生产发展、生活宽裕、乡风文明、村容整洁、管理民主"的要求，扎实推进社会主义新农村建设。2006 年 3 月 14 日，十届全国人大四次会议通过《十一五规划纲要》，该纲要第二篇即为《建设社会主义新农村》，从"发展现代农业、增加农民收入、改善农村面貌、培养新型农民、增加农业和农村投入、深化农村改革"六个章节来详细描述如何建设社会主义新农村,其目标是实现把农村建设成为经济繁荣、设施完善、环境优美、文明和谐的社会主义新农村。这个时期基本完成农村的水电、道路、村容村貌等硬件基础设施的建设。第六个阶段为美丽乡村建设阶段(2008年至今)。2008年,浙江省安吉县正式提出"中国美丽乡村"计划,出台《建设"中国美丽乡村"行动纲要》,提出用10年左右时间,把安吉县打造成中国最美丽乡村。2013年1月,党的十八届三中全会提出要建设美丽中国、形成人与自然和谐相处的新格局,关注生态环境等问题。2014年3月,我国出台《国家新型城镇化规划(2014—2020年)》,明确提出要建设各具特色的美丽乡村。2015年,中央一号文件提出加快提升农村基础设施水平,全面推进农村人居环境整治,提升农村社会文明程度,让农村成为农民安居乐业的美丽家园。

中国的农村宜居环境发展经历了自给自足的落后阶段到农村经济的发展阶段,从基础设施建设到人居环境整治,从新农村建设到美丽乡村建设,我国农村不断地提升着公共服务水平和环保意识。

3 农村老年宜居相关概念及理论研究

农村宜居目前主要是关注如何改善农村的居住环境，提升居民的生活水平。老龄化时代虽已到来，但对农村老年宜居环境的研究几乎为零。因此，在城市宜居性和农村宜居性影响因素及其基础研究理论下，本章通过梳理宜居性的各种构成要素，在界定宜居农村概念的基础上，较为系统地提出农村老年宜居的内涵和研究基本框架。

3.1 农村老年宜居环境内涵

宜居性是指一个城市系统能够为其所有市民带来生理、心理和社会等方面的福利和个人发展机会。适宜的城市空间能够为市民提供丰富的精神文化财富。宜居性的重要原则是公平、尊严、可达性、欢畅、参与和权利保障。但是到目前为止，"宜居城市"还没有一个确切的标准。宜居农村就更没有统一的答案，结合国内外新农村理论研究和相关实践建设经验，笔者认为宜居农村必修满足以下几个条件：经济发展是宜居农村的原动力，环境优美是宜居农村的外在形式，村落文化是宜居农村的精神所在，便捷与社保是农村老年宜居的基本条件，法律与安全是宜居农村的最终保障。因此，宜居农村是一个由经济环境、社会环境、文化环境和自然环境所构成的复杂巨系统。

3.1.1 农村老年宜居环境内涵探讨

（1）农村老年宜居的定义

所谓农村老年宜居，从本质上说，就是一个村落要满足老人的发展需求，满足村落自然环境和人文环境的发展需求，做到人与环境的和谐统一、可持续发展。农村老年宜居性的重要原则是尊严、公平、参与、健康、幸福、社保和权利保障。在老龄化时代，每个老人都应该得到有尊严的生活，这是社会发展的最基本要求。公平合理地分配社会资源，就要考虑老年人这一弱势群体，让老人有社会养老和相关法律保障，真正实现老有所养，农村老年宜居才有可能得到不断的发展。农村老年宜居提倡全民参与，如韩国的新村运动倡导所有村民（包括妇女、儿童和老人）参与乡村建设。我们的老年宜居更是要让所有老人参与进来，让他们老有所用，积极发挥余热，对相关乡规习俗出谋划策，而健康与幸福是更高层次的要求，是老有所乐的具体体现。

农村老年宜居有广义和狭义之分。狭义的农村老年宜居是指气候环境宜人、居住环境优美、治安环境良好，适宜老年人居住的农村。老有适居，仅仅指宜居性；广义的农村老年宜居则是指村落人文环境和自然环境协调，出行便捷舒适，养老有社会保障和法律保障，达到老有乐居、老有乐养。老年宜居不仅是指宜居性，还包括老年医疗、再教育、文化资源等内容。村落历史文化是今后农村老年宜居发展的导向，正如美丽乡村"一村一品"进行的精品建设，应结合各个村落的历史文化因地制宜进行发展。

俞孔坚认为，宜居城市是适合人们居住的城市，必须具备两大条件。一个是自然条件，这个城市要有新鲜的空气、洁净的水、安全的步行空间、人们生活所需的充足的设施；另一个是人文条件，宜居城市应是人性化的城市、平民化的城市、充满人情味和文化的城市，让人有一种归属感，觉得这个城市就是自己的家。那么怎么样才算"农村老年宜居"呢？笔者认为，农村老年宜居是指适于农村老年人居住和生活的乡村。对"农村老年宜居"的理解不能拘泥于形式和概念，需要从以下几个角度来审视：①"农村老年宜居"是中国美丽乡村建设发展的方向，以及规划和建设的目标。在目前中国老龄化背景下，农村的老年人口比例远远超过城市老年人口的比例，只有把农村老年人的利益考虑进去，才能保持农村的稳定、和谐发展；②"农村老年宜居"是一个相对的概念，是一个动态发展的过程，它没有绝对的标准；③"农村老年宜居"是人们对农村老年的一种心理感受，是"以老为本"进行营建，因此，对"农村老年宜居"的评价和建设要充分考虑老人的评价，应该是从下而上的建设，而不能单纯遵循政府的主观意愿；④农村老年人是否宜居，其内涵不仅要看农村发展的经济指标，更重要的是看农村是否满足老年人的居住和生活需求；⑤"农村老年宜居"的建设目标具有一定的层次性，较低层次的建设目标是满足农村老年人的居住性、健康性、便捷性和安全性等，更高层次的建设目标则是满足老人对农村服务性、人文性、参与性和尊严性的需求；⑥"农村老年宜居"应该和美丽乡村建设发展相一致，应努力创建家家都美好、村村都宜居的局面。

（2）农村老年宜居的内涵

国外对宜居农村内涵的认识大致有以下几点：①乡村环境优美。霍华德提出的"田园城市"就是基于城乡二者优点的结合；②用法律法规保护乡村自然环境，进来合理开发。英国 1949 年出台了《国家公园与乡村可达性法案》(Natianal Parks and Access to the Countryside Act of 1949)，日本通过制定村、里的相关法令，严格保护地方的自然环境；③重视农村经济建设。西方国家通过各种手段提高农民的经济收入，尤其是发展第二、第三产业来盘活农村经济；④重视农村公共基础设施建设。通过不断对农村公共基础设施进行建设，提高农民生活质量，改善农民居住和生活条件；⑤生态、环保意识的觉醒。由于西方国家较早地完成了工业革命，民众生活水平一直较好，他们很早就有生态环保的意识，对农村建设也是可持续地进行建设，实施"绿色计划""生态计划"等；⑥注重村落文化。西方国家，甚至是日韩国家一直都很重视本国的文化建设，尤其是日本围绕本村的特色进行"一村一品"新村建设；⑦注重老龄化及老年居住环境研究。由于欧美发达国家自 19 世纪末开始就相继进入老年型国家行列，客观的历史进程使得这些国家较早研究其所面临的社会老龄化问题，尤其在老龄化社会理论、老年居住环境规划建设方面进行了许多理论探讨。

2007 年世界卫生组织发表了《年龄友好城市指南》，其整体规则和设计都围绕着健康、参与和安全，主要指标的确立参考了老年人在城市生活中的户外空间、公共建筑、住房、社会参与、卫生和社区服务等 8 个领域的需求，用以指导各国城市规划者为老年型社会做好准备。

我国农村老年宜居环境建设的基本原则应该包括以下五个方面：①农村环境优美。农村环境包括硬环境和软环境；②社会文明。农村社会文明包括政治文明、社会和谐、村落文化和老年参与；③老人幸福。包含老年人社会保障、老人服务、人际关系和谐、家庭和睦和老人心理；④生活便利。包括村落交通、商业服务、公共卫生和老人设施；⑤公共安全。即村落安全和应对自然灾害等安全预案。农村老年宜居将居住和老龄化结合起来进行老有所居、老有所养、老有所乐、老有所为等进行各个复杂要素的营建，使所有社会功能在满足目前新农村发展和老龄化发展之间取得一种平衡，最终达到老人—农村—自然的和谐共生。

3.1.2 农村老年宜居环境框架研究

美丽乡村建设是中国政府对新农村建设的一个导向，2013 年中央一号文件提出要"推进农村生态文明建设"，"努力建设美丽乡村"。农村老年宜居的研究是我国及世界 21 世纪城镇化和老龄化研究的重要内容之一，是景观生态学、乡村地理学和老年社会学等相互交叉渗透而形成的新的重大理论和实践研究领域。它的研究内容主要包括农村老年宜居的内涵、影响因素、评价指标、经验借鉴、提升路径和建议措施等。从研究体系来看，主要包括基本理论研究、量化方法研究、实证研究、交叉学科"融合"研究及对策建议研究（图 3-1）。

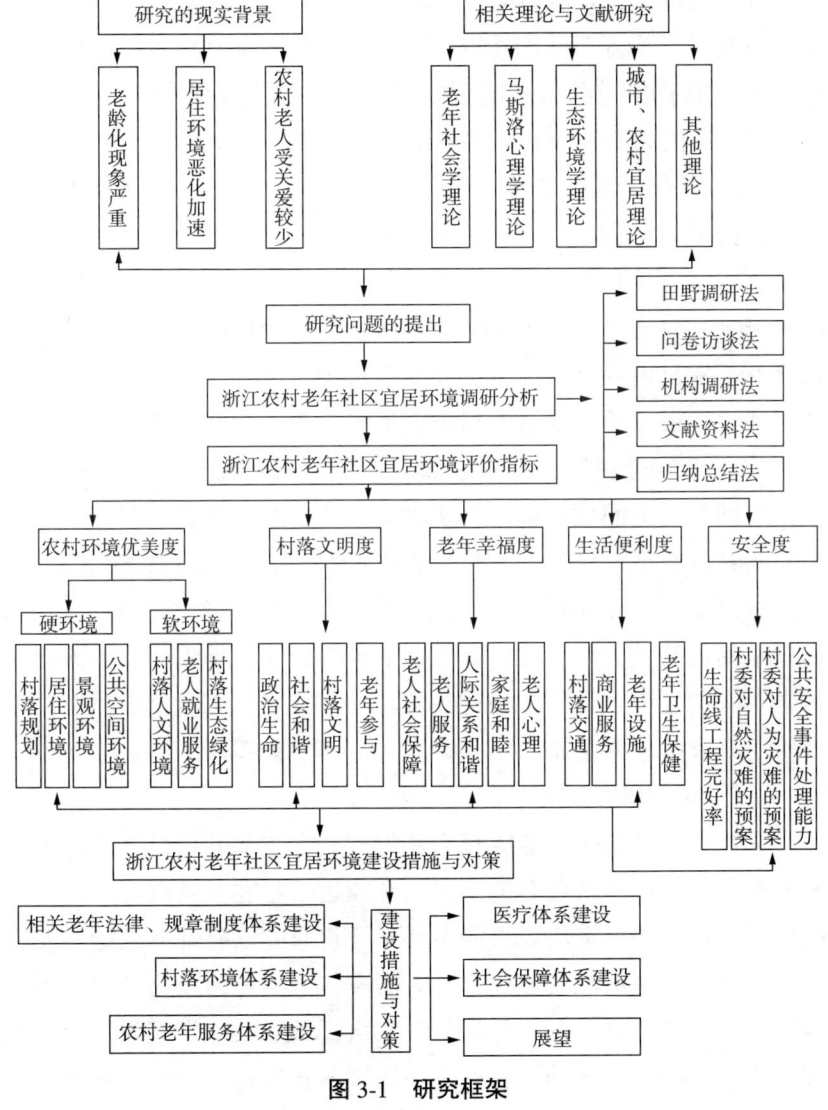

图 3-1 研究框架

（一）基本理论研究

主要包括以下几个方面的研究。（1）农村老年宜居的相关理论研究。主要包括田园城市理论、马斯洛需求理论、老年社会学理论、可持续发展理论、人居环境学理论、景观生态学理论、德尔菲理论、新农村建设理论等，并阐述以上理论对农村老年宜居建设的指导作用；（2）农村老年宜居的概念内涵研究。主要是在研究城市宜居性、农村宜居性内涵的基础上，界定什么是农村老年宜居。

（二）量化模型研究

农村老年宜居性是衡量特定区域的乡村环境是否优美、老年生活是否幸福、社会分配是否公平、医疗社保是否有保证、居住空间是否安全、交通出行是否便捷、社区活动是否可以参与的一项重要指标，是农村内部环境与外部环境有机统一的表现，也是我国美丽乡村建设发展进程中提升农村发展质量的重要组成部分。如何判定一个农村老年是否宜居？未来农村老年宜居环境建设的重点是什么？要回答以上问题，首先就要创建一个客观、共识的测度方法体系检测农村老年的宜居性。本书主要是从环境优美度、社会文明度、老人幸福度、生活便利度、公共安全度等五个方面进行一级指标评价。通过空间可达性分析方法、实地调研考察方法、基于问卷访谈的农村老年宜居性综合评价方法构建农村老年宜居性综合测度模型，为评价浙江农村老年宜居环境建设现状及问题奠定基础。

（三）实证研究

尽管目前关于农村老年宜居还没有一个主要的评价方式，不同的专家和学者都是从各自的学科、专业进行论述，还没有一个统一的模式，但是关于宜居农村的单要素评价研究已有部分理论及实践基础，尤其是在浙江安吉提出"美丽乡村"实践建设为农村宜居提供了一个导向。中央一号文件连续12年重视"三农"建设，通过相关政策法令来指导美丽乡村建设。我国各省都在结合本省地域特色进行因地制宜的美丽乡村实践。农村老年宜居的研究是建立在居住、社会、交通、参与、环境等方面相互协调发展的基础之上的。因此，在以上关于农村老年宜居内涵建设模式及综合评价指标、模型分析的基础上，对浙江农村老年宜居环境建设现状进行总体评价，并分别从"环境优美度""社会文明度""老人幸福度""生活便利度""公共安全度"五个维度提出浙江农村老年宜居环境建设的分要素特征。通过对浙江安吉、杭州、嘉兴三地的农村进行抽样案例实证研究，为构建农村老年宜居理论框架提供坚实基础，从五个维度评价指标分别提出相应提升路径。

（四）对策建议研究

农村老年宜居建设的机制、模式、路径等都十分复杂，中国农村千差万别，南北差异很大，基尼系数较高。因此，农村老年宜居研究的最终目的是为农村老年人这一弱势群体提供一个老有所居、老有所养、老有所乐的乡村环境；在农村老龄化问题较严重的今天，发现农村老年人居住和生活中存在的问题，并对未来老年宜居农村建设提供相应对策和建议。

3.2 农村老年宜居相关基础理论

3.2.1 田园城市理论及其对农村老年宜居研究的指导作用

（一）基本理论

"田园城市"是对宜居城市探索的萌芽。在 19 世纪末工业革命时期，城市化进程第一次加速导致了城乡严重对立，城市环境质量下降并恶化，城市矛盾与问题加剧。这个时期开始呼吁改善人居环境，"田园城市"理想模式的出现，吹响了关注城市居住和生活条件、改善城市环境质量的口号。1898 年，英国的霍华德发表的《明日：一条通向真正改革的和平道路》一书认为，应该建设一种兼有城市和乡村优点的理想城市，他称之为"田园城市"。田园城市实质上是城和乡的结合体。1919年，英国"田园城市和城市规划协会"经与霍华德商议后，明确提出田园城市的含义：田园城市是为健康、生活以及产业而设计的城市，它的规模足以提供丰富的社会生活，但不应超过这一程度；四周要有永久性农业地带围绕，城市的土地归公众所有，由专业委员会受托掌管。田园城市的理论精髓是自然之美、社会公正、城乡一体。这也是田园城市理论中最具有时代意义、最具有生命力的内容。霍华德在《明日的田园城市》中浓墨重彩地表达了对自然之美的推崇和向往。为了彰显自然之美，田园城市理论突出了对农业地带的严格保护，让城市的周围始终保留一条乡村带，使城市居民始终能够方便地享受乡村所有的清新乐趣——田野、灌木林、林地。该书突出了市政基础设施的生态化，提出不仅要建设灌溉良好的、美丽的花园，一个145英亩的中央公园和一条420英尺宽、环形延伸3英里多长的带形绿地，还要让城内所有的道路都植有成行的树木。该书还突出了住宅和公共建筑的园林化，提出在紧邻田野、公园和绿地的地方建设拥有美丽花园的住宅、学校等。更为重要的是，霍华德田园城市理论中关于自然之美的内容，其实质就是一种可持续发展的思想。这正如曾任英国城乡规划协会主席的彼得·霍尔所说的可持续性，这恰是田园城市所从事的一切。这种思想体现在步行尺度的消费和公共服务配套，不必依赖汽车出行；体现在建筑的高密度标准和工业集中发展，土地的节约、集约利用，体现在开放的空间，亲近自然的居住环境；体现在大量使用清洁能源，减少污染，等等。

霍华德设想的田园城市包括城市和乡村两个部分。城市四周为农业用地所围绕；城市居民经常就近得到新鲜农产品的供应；有最近的农产品市场，但市场不只限于当地。霍华德认为，城市和乡村各有有利因素和不利因素。城市有获得就业和享受各种市政设施的机会，但自然环境恶化得太严重；乡村有极好的自然环境，但没有城市的物质设施与就业机遇。理想的城市应兼有城与乡二者的优点，成为城乡结合体，即田园城市，使人们同时享受社会的关怀和自然的关怀，这是"一种全新城乡结构形态的伟大设想"（图 3-2）。

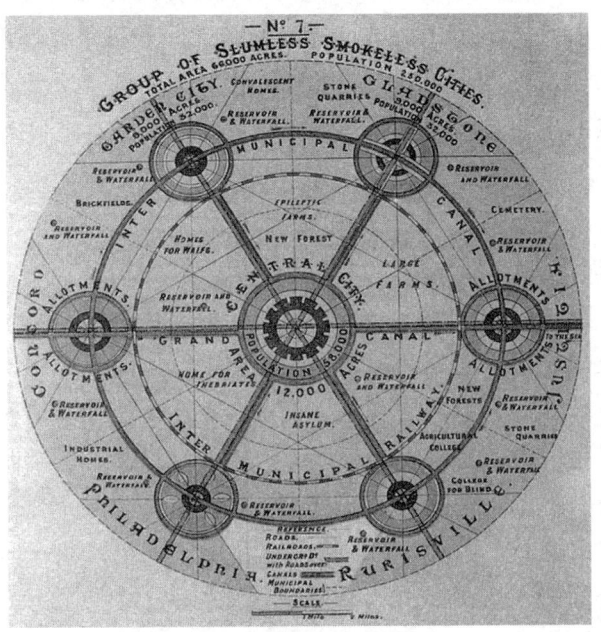

图 3-2　霍华德 田园城市

图片来源：http://3.im.guokr.com/gkimage/ix/md/sw/ixmdsw.png

　　芒福德认为这个理论的贡献在于关注了城市与乡村之间以及城市内部各功能之间的动态平衡和有机平衡❶。周明生、李宗尧、孙文华、金莉等人认为田园城市是统筹城乡发展的城市化理念，乌托邦思想的城市规划理论有助于促成城乡一体化理论的发展。其理论价值在于有助于最终解决当代城市发展仍面临的城乡对立的状况，并为中国城乡一体化城市规划提供了规划原则❷。但也有少数业内专家

---

❶　（美）芒福德. 城市发展史 [M]. 北京：中国建筑工业出版社，2008.
❷　周明生，李宗尧，孙文华. 田园城市：统筹城乡发展的一种城市理想形态——来自江苏苏北地区的调研与 思考 [J]. 江苏城市规划，2009，3：7-8.

如杨速炎等人认为，田园城市是一个大的系统，包括物质形态、经济运行、社会改革三个层面。霍华德将一切问题的根源归纳为"引力"。他认为城市与乡村具有不同的吸引力，同时也都具有不可避免的缺点，由此提出了田园城市理论的基础——三磁铁理论：将城市和乡村的各自特点吸取过来，取长补短，加以融合，形成一种具有新的特点的生活方式，从而避免各自的缺点，只存在优点。所以说田园城市其根本的目的就是建立一个这样的"城市—乡村磁铁"。他提倡用一系列小型的精心规划的这种磁体来取代大都市，形成一个高效的城市网络，使城市与乡村能平衡、健康发展。

　　霍华德不仅仅只限于提出他的理论和规划，还不遗余力地为实现他的设想进行了规划和做出周密的方案。他的方案比较详细，包括对资金来源、土地规划、城市收支、经营管理等问题都提出了具体的建议。他最初的规划和设计认为，工业和商业不能被政府管理部门垄断，要将这些机会尽可能多地留给私营企业。1899年他组织成立了"田园城市协会"，并于1903年组建了经营和管理田园城市的商业公司——"田园城市有限公司"。该公司在他的领导下，很快就在距离伦敦不远的地方购置了一块土地，用来实施他的田园城市的梦想，他给这个世界上的第一座田园城市命名为"莱奇沃思"（Letchworth）。他认为城市中的所有土地必须归全体居民集体所有，使用土地必须交付租金，城市的收入全部来自租金，在土地上进行建设，聚居获得的增值仍归集体所有，从而使整个城市获得一种良性循环的发展。城市由管理委员会进行管理，其成员由居民选出，在不同的部门工作，服务居民。选择官员的原则是"看他们是否特别适合做该部门的工作，而不是完全看他们的阅历"。同时，在社区推行准市政事业（pro-municipal），积极发展公益事业。霍华德认为所有这些措施的有力实行，"定会使人们返回故土，逆转人口向城市迁移的潮流"，持续有效地建设更多的田园城市，最终将实现他的社会城市目标。在他的理论及其不遗余力亲自建立田园城市的实践感召下，欧洲社会各界都被他的田园城市梦想所牵动，很多国家或者个人纷纷效仿他的做法，虽然这些效仿的产物距离霍华德理想中的田园城市尚有不小的差距，甚至没有按照他的设想去经营管理，但都不影响他的理论的强大感召力和对当时社会的巨大影响力，至少说明了当时民众对建立公平、和谐、繁荣、生态的理想城市的向往。从这个意义上讲，他的理论是非常成功的。

（二）对农村老年宜居研究的指导作用

霍华德田园城市的中心思想是保护农田，尊重自然，尊重地形，创造森林和农田绿地，使城市有足够的供氧基地。乡村田园的规划，既要满足农民生产、生活的需要，又要满足不同层次的城市居民，特别是有身心障碍的居民的需要，城郊专门设立农业学院，以科学技术发展农业，这不失为发展现代化田园城市的一个巧妙构思。田园城市理论是一种城市建设和社会改革理论，倡议建立一种兼具城市和乡村优点的田园城市，用城乡一体的新社会结构形态来取代城乡分离的旧社会结构形态。同时田园城市理论另一个重点就是重视生态环境。生态学实质上可以理解为研究相互联系而形成一个封闭的循环系统的学问。霍华德把城市和它们的支持系统联系起来，形成一个新的田园城市概念，可以说是研究城市生态环境的开始。城市设计是城市规划的一个进步，环境设计则是城市规划在以环境为本指导下的一种进步，与以人为本没有矛盾。从更深层次理解，以环境为本是把人纳入环境的含义之内，单纯提出以人为本容易造成误解和误导，从而把人的利益放在第一位，而忽视了环境效益，这是长期以来城市混凝土森林产生的一种因果引导，所以，提出要以环境为本。这种以生态、环境为核心的理念，为后人提供了宜居城市建设的导向，尤其把人作为自然环境的一员，不是单纯地以人为本，而是以环境为本，这种超前的理念对大城市建设、城乡建设起到积极的借鉴作用。他的思想影响在空间上，从一开始就不限于英国本土，对欧洲、美国、日本、澳大利亚等国家都产生了广泛的影响。（1）对美国的影响。1923年，美国成立"美国区域规划协会"，这是美国历史上主张田园城市思想的最重要的机构之一。它是一个非官方的组织，成员包括施坦因、芒福德等。尽管没有取得大的实践进展，但在理念上把田园城市的基本原则与更广泛意义上的区域规划结合了起来，这导致了以下两个新概念的出现❶：一是由克劳伦斯·帕利从1929年起开始倡导的"邻里单元"概念，它主张将居民区面积控制在以学校、商店等公用设施为中心、以步行可达距离为半径的范围之内，通过这种方式，加强城乡社会的亲和力。二是瑞本模式，由施坦因和亨利·莱特在1927～1929年间提出。它起源于新泽西州瑞本市区的一次田园城市试验，实行人车交通分离模式。（2）对法国的影响。19世纪末以来，法国与欧洲其他国家一样，也面临着城市住房问题的压力，城市一直存在着向外围高密度发展的趋势。到一战前夕，田园城市的观念在法国已有了很大的影响，在巴黎的周围一度也出现了类似的田园城市。可以认为，田园城市运动在一定程度上影响了法国，特别是在一定程度上影响了法国的社会改革运动，二者交织在一起，从一个侧面反映了现代法国社会的变迁❷。（3）在日本的影响。日本的田园城市运动从一开始就违背了田园城市理论的至少三个原则——小规模、独立和内部合作，加上日本本身存在着自明治维新以来的复杂的土地问题，以及急于早日实现现代化的民族心理，使日本在城市规划上，特别是进入20世纪30年代以后，出现了大都市化的倾向。但是二战以后，在城市如何发展的问题上，比如在社区合作上、在区域自理上，日本却深得田园城市理论的宗旨，并形成了一套自己的经验。这或许与

---

❶ Robert Fishman. The American garden city: still relevant[M]//Stephen V. Ward. The garden city: past, present and future. Oxfordshire: Taylor Francis Ltd, 1992: 146-163.

❷ Jean Pierre Gaudin. The French garden city[M]//Stephen V. Ward. The garden city: past, present and future. Oxfordshire: Taylor Francis Ltd, 1992: 28-48.

美国政府的军管统治不无关系 ❶。（4）在澳大利亚的影响。1917 年
10 月，在东南部港口城市阿德莱德召开了澳大利亚第一次有关田
园城市问题的会议，其主题是"促进城市规划、田园城市、住宅的
科学和原则的普遍教育和大众理解"，有 287 名官方代表参加。这
次大会后，田园城市理论中的一些概念，如城市非中心化、合作社
会、新城等，开始在澳大利亚专业城市学家群体中出现并逐渐得到
推广 ❷。

霍华德的田园城市理论思想对我国美丽乡村建设和农村老年宜
居建设具有很好的指导作用。首先，田园城市突出自然之美，就是
要营建一个环境优美的理想大地。这与我国美丽乡村建设是不谋而
合的，美丽乡村建设最根本的就是环境优美、景色宜人。胡蓉、邱
道持、王昕亚、莫燕、张莲以重庆田园城市建设构想提出建设田园
城市应借助现有的耕地与天然低山林地所形成的绿色廊道，从而将
城市景观与城市外围的田园风光连为一体，形成"城中有田，田中
有城"的田园城市格局 ❸。田园城市本身就兼顾城市与农村两者的优
点，而自然之美是大自然赋予我们人类最好的礼物。况且我国地大
物博，每个地域都有不同的自然风情，正所谓金山银山不如青山绿水。
其次田园城市强调生态理念，永远保留绿带原则，为农村宜居生态
建设提供了很好的理论依据。田园城市在绿色生态环境方面的主要
特征是，城市和城市之间有广阔的农业用地，城市内部有绿核和绿带，
绿核、绿带和外围的农业用地通过林荫大道连通，形成蜘蛛网状的
绿色开敞空间，这体现和强调了绿地优先的规划方法与思想。张洪
恩、郭亚、刘一光应用城市理论的"组团间隙式"理论，对城市空

❶ Shun-ichi Watanabe. The Japanese garden city[M]//Stephen V. Ward. The garden city: past, present and future. Oxfordshire: Taylor Francis Ltd, 1992: 69-93.

❷ Robert Freestone. The Australian garden city[M]//Stephen V. Ward. The garden city: past, present and future. Oxfordshire: Taylor Francis Ltd, 1992: 107-124.

❸ 胡蓉，邱道持，王昕亚，莫燕，张莲. 耕地与田园城市的思考——以重庆市主城区为例 [J]. 安徽农业科学，2006，34（17）：31-32.

间拓展方式进行了研究，提出以一个中心城市带动周边三个城市边缘区的城镇（或村落），从而使城镇空间高密度集中，同时还在组团内形成建成区与农田、水域、绿化等生态绿地间隔镶嵌的生态化格局的理论❶。最后，田园城市强调政府只是一种手段，主要还是居民参与。政府的重要精力是集中导向农民自由权利的实现和社会福祉的最大化，而不是干预和限制，更多的是应该提供选择和服务。在我国社会主义新农村建设期间，更要发挥农民的积极性，培养农民的"乡镇精神"。霍华德给我们的启示是，新农村建设不能仅仅是一种"自上而下"的操作。政府对农村的任何投入都应该有助于帮助农民主体参与到建设体系中去，增强农村吸引力、培育农民主体性。对农村老年宜居环境建设，我们也是要发挥老人的余热，调动老人的积极性，让他们都参与相关建设和一定的生产活动（菜园种植、编制工艺品等），只有参与，才能带来更多的收获和快乐。大体可以从以下三个方面努力：（1）改善农村老年宜居的硬环境，积极参与建设老年住宅、居家养老社区、街道等硬环境建设。（2）改善农村老年宜居的软环境，增加农村老年人的收入，通过其他形式或者政策来提高老人收入，同时提升老人的文化，为他们创造再教育和再就业的机会，60～70岁的身体健康型老人可以参与相关硬环境建设，70～80岁的心智健康型老人可以参与相关软环境建设，对心智健康型老人可以进行再教育与相关养老培训，一方面可以照顾农村留守儿童，另一方面可以照顾80岁以上依赖型老人，等前两者类型的老年人变成依赖型老人时，可以享受更多的服务和待遇。以老养老可以提升农村老年宜居的精神文化，突出我国尊老、爱老、相互帮助的传统文化。时间长了，"以老养老"文化就可以在人们心中开花结果。

---

❶ 张洪恩，郭亚成，刘一光. 谈田园城市到组团间隙式的城市空间拓展方式 [J]. 山西建筑，2009，9：25.

霍华德在田园城市中设计了良好的污水与垃圾处理系统，使废水和废物经过转换之后返回土地，构成农作物生长所需的天然肥料，从而避免了对昂贵且破坏环境的化肥的依赖。应该说，这个思想对社会主义新农村建设具有极大的启发意义。

3.2.2　马斯洛需求理论及其对农村老年宜居环境研究的指导作用

（一）基本原理

层次需求理论，是解释人格的重要理论，也是解释动机的重要理论。由第三代心理学开创者、美国著名犹太裔人本主义心理学家亚伯拉罕·马斯洛提出的心理需求理论，也被称为"五大需求理论"。马斯洛认为，动机由多种不同层次与性质的需求组成，而各种需求有高低层次与顺序之分，每个层次的需求与满足的程度，将决定个体的人格发展境界。讲到马斯洛的心理需求学就要谈到马斯洛的动机论。动机论提到：（1）动机是人类生存和发展的内在动力，需要是动机产生的基础，动机直接推动人的行为活动。（2）人的动机是综合统一的，动机的发生以人为整体基础，并非由部分产生。（3）人的需要是一种类似于动物本能的需要，但区别于本能的强大、牢固以及不可抗性，人的需要是主观的，可以有意识地自主支配。（4）需要的性质会决定动机的性质。由动机论可以知道，马斯洛层次心理需求学说为人类心理活动提供了积极的动机理论，它较清晰完善地反映了人的内在需求。

马斯洛把需求分为生理需求（Physiological needs）、安全需求（Safety needs）、爱和归属感（Love and belonging）、尊重（Esteem）和自我实现（Self-actualization）五类，依次由较低层次到较高层次排列（图3-3）。在自我实现需求之后，还有自我超越需求（Self-Transcendence needs），但它通常不作为马斯洛需求层次理论中必要的层次，通常会将自我超越合并至自我实现需求

当中 ❶。马斯洛认为，人的需要发展演进过程呈波浪式进行，各种不同需求的优势由一级演进到另一级，高层次需求的出现是建立在低层次需要相对满足的基础上的，但是，并非要等到低层次需要完全得到满足高层次需求才会出现，较低一层的需求高峰过后，较高一层的需求就会产生。

图 3-3　马斯洛需求理论

（二）对农村老年宜居环境研究的指导作用

在农村老年宜居环境中，马斯洛需求层次理论对老年人是很有积极的指导意义的，尤其是要满足老人的最低层次的需求——生理需求与安全需求，做到老有所居。生理需求作为最低层次的需求，是指老人最基本的生活、生存、居住要求等。安全需求则是指老人在温饱需求被满足以后，需求上升到自身安全能够得到保障这一层次，且渴望摆脱威胁等要素。农村老年人基本上都能满足基本生活、居住和安全方面的需求。即使是对于农村五保老人，目前浙江每个

---

❶　刘烨. 马斯洛的人本哲学 [M]. 内蒙古文化出版社，呼伦贝尔：2008.

乡镇也都有一个敬老院，国家出台了相关文件对五保老人进行寄养和管理，基本保障了老人们的晚年生活。到了老年，人的身体和精力衰退，高层次的需要逐渐取代了低层次的需要，情感和归属需要成为人们的主导需要，表现为，老年人渴望生活和医疗有保障，渴望子女的陪伴，渴望别人的照顾等。因此，满足老人的这些需要是必要的。情感与归属的需求是比生理需求和安全需求更加理性化和复杂化的一种需求，表现在农村老年居住方面则为与周围的亲朋邻里融合在一起，尤其是出于归属的需要，希望成为群体中的一员，相互关心和照顾。在老人康复护理中引入马斯洛需求层次理论，从老年人的生理、安全、社交、尊重与自我实现等方面进行检测和康复治疗，对于促进老年康复和回归社会有积极意义（曹燕，2013）。作为较高层次的需求，尊重需求和自我实现需求在农村老年宜居环境方面发挥着重要的作用。尊老爱老是中华民族的美德，也是中国传统文化的基本体现。在欧美发达国家，他们提倡每个人都应该得到尊重，甚至就是死了，也要有尊严地死去。现代社区里的住户更需要的是在所居住的环境中能拥有被尊重感与自我实现感，为有一个属于自己的、为自己设计的，并且能够住在那里的社区感到骄傲 ❶。姚金桃（2012）从老年公寓老年人日常护理角度出发，将人文关怀渗透到每一个服务细节中，让在公寓养老的老人真正体会到"老有所养，老有所乐，老有所用，老有所为"。

根据马斯洛层次需求理论可以知道社会中不同的人所需要的生存发展条件的差异，进而运用到针对浙江省农村老年人宜居环境的研究中。我们能够更好地从中了解到老年人更需要什么，特别是农村的老年人，他们能够在什么样的环境条件中得到幸福愉悦的感受，怎样的生活能够让农村老年人安享晚年。老年人经历了人生的起落，经过了生活对身心的洗礼，对荣耀、地位、成就的需要都会降低很

---

❶ 姚佳纯 . 马斯洛需求理论下的现代社区规划设计思考 [J]. 规划师，2014，12.

多，主要是对生活的安稳、财产的安全、身体的健康有着显著的需要。在农村老年人中，由于收入水平普遍偏低，对子女婚姻美满、家庭和谐的期望尤甚，这些基本可以归结为第一层次或第二层次的需要。从中我们得知老人要求的并不多，安安稳稳过日子，吃得饱穿得暖，不用为儿女过多操心，享享清福就够了。我们要建设的宜居环境，就应该贴合农村老年人的需要，构建一个舒适的生态环境，健康、安全的生活环境，帮助他们安乐地度过人生的最后阶段，让每一位老年人能够在辛劳大半辈子之后，安稳地生活，感受生活的美好、社会的温暖。

3.2.3 老年社会学理论及其对农村老年宜居环境研究的指导作用

（一）基本原理

"老年社会学"一词是 1943 年由 E·J·斯蒂格利茨首先使用，而后美国社会学家 E·W·伯吉斯第一次对老年社会学进行了系统的整理。1948 年奥托·波拉克出版《老年的社会调适》一书，标志着西方老年社会学体系的初步成型。老年社会学是研究人口老龄结构趋于老龄化和进入老年型之后，老年社会问题及其变动规律的科学。随着发达和较发达国家人口老龄化和老龄社会问题日趋严重，老年社会问题的研究被重视和发展起来，老年社会学作为一门新兴的学科也跟着发展起来。王裔艳对国外老年社会学理论进行了学术综述，较为全面地介绍了国外老年社会学的研究动态❶。国外的老年社会学有以下几种理论。（1）撤退理论（disengagement theory）。这一理论由卡明（Cumming）和亨利（Henry）于 1961 年在《变老》一书提出，后经其他社会学家、老年学家发展完善，成为比较完整的一种老年社会学理论。这一理论认为，老年人随着年龄的增长，个人与

---

❶ 王裔艳. 国外老年社会学理论研究综述 [J]. 南京人口管理干部学院学报，2004，2：37-42.

他人间的人际交往量就会逐渐减少，这不仅是正常的，而且是必要的；（2）活动理论（activity theory）。这一理论认为，社会活动和社会生活的基础，对各个老龄组人口来说都大致相同；（3）生命周期理论（life-cycle theory）。埃里克森（Erikson）和莱文森（Levinson）认为，生命每一阶段发展不一定由于前段而呈上升状。诺嘉顿（Neugarten）和列赞坎（Rezankan）认为人生重要议题与关切点在一生中会重复出现且无一定顺序，生命周期转换高深难测；（4）社会交换理论（soeial exchange theory）。社会交换理论假设个人或群体间的互动是尝试以最少代价获得最大回报，即如果两人（或群体）在彼此之间的互动中看到可从中得到利益，则互动将持续进行而且还有正面评价 ❶；（5）其他理论。除了上述几种理论外，目前与老年社会学相关的理论还有"持续理论"（continuity theory）、"社会崩溃与重建理论"（social breakdown and reconstruction theory）、"年龄分层理论"（age layer theory）、"角色理论"（role theory）和"发展理论"（development theory）等。关于老年人对老年生活的不同反应或态度，撤退理论认为在内心隔离感发生以前，老人就该减少社会参与；活动理论、角色理论和社会崩溃与重建理论却主张老人应重新定位、修正新角色；社会交换理论则建议找寻个人的潜力与资产，联合同辈支持力量并与其他弱势团体结盟；发展理论强调要整合生活经验以面对老年阶段。总的来说，上述有关社会老年学的理论，都从某一角度研究了老人的行为特征，具有一定的合理性 ❷。

在我国，老年学被视为一门科学进行专门和系统的研究，仅仅是从 20 世纪 40 年代开始的。潘光旦先生的《论老人问题》一文是中国社会学界第一次论及老年人问题。从 20 世纪 50 年代起，我国建立了覆盖城市国营和集体企事业单位的社会保障制度，对农村的

❶ Dowd，J.J. Aging as exehange：A preface to theroy. Journal of Gerontology，30（5），584-593.

❷ 王裔艳. 国外老年社会学理论研究综述 [J]. 南京人口管理干部学院学报 .2004，4.

五保户老人则实行了"五保户"政策。另外，以各级敬老院、养老院为体系的社会化养老机构也初步成型。20 世纪 80 年代，我国开始成立老年学。1982 年，联合国举行维也纳国际老龄问题大会，发表了《维也纳宣言和行动纲领》，这个纲领把老龄问题分为"人道主义问题"和"发展方面"两个方面。"人道主义问题涉及年长者的特殊需要……包括保障与营养、住房与环境、家庭、社会福利、收入保障与就业，以及教育。发展方面涉及的是以总人口中老年人所占比率增加为主要特征的人口老龄化所造成的社会经济问题……即人口老龄化对生产、消费、储蓄、投资以及反过来对一般社会经济状况和政策所起到的影响" ❶。1987 年，邬沧萍教授就在《中国人民大学学报》上发表了《论老年学的形成、研究对象和科学性质》一文，认为老年学应该"研究人类老化的现象和过程，研究人类个体老化和群体老化的规律性，以及人类老化与生态环境、社会生活环境之间的相互关系的本质联系 ❷。邬沧萍教授在论文中运用历史分析的方法介绍了老年学的产生和发展，认为老年学"产生于人类对自身老化规律认识的需要"；同时还对老年学的研究对象、科学性质和科学体系进行了论述，并纠正了当时将老年学笼统划归到自然科学和社会科学的错误观点 ❸。

1990 年，世界卫生组织提出并采用新的健康理念，认为健康包括躯体健康、心理健康、社会适应良好和道德健康；世界卫生组织于 2002 年提出《积极的老龄化政策框架》(见联合国第二届世界老龄大会的书面报告)，政策框架中的三个支柱为健康、参与和保障。积极的老龄化是指老年人要积极地面对晚年生活，不仅保持身心健康，而且作为家庭和社会的重要资源，要融入社会，参与社会发展。同时，全社会都要关心老年人，努力营造支持性环境，保障他们的合法权益，

---

❶　中国老龄问题全国委员会办公室 . 联合国老龄问题资料汇编 [M].1993.

❷　邬沧萍 . 论老年学的形成、研究对象和科学性质 [J]. 中国人民大学学报，1987，2: 1-11.

❸　邬沧萍 . 论老年学的形成、研究对象和科学性质 [J]. 中国人民大学学报，1987，2: 1-11.

使他们活得有尊严、有价值、有意义。

（二）对农村老年宜居环境研究的指导作用

在愈发注重养老的今天，不得不说农村老年人一直是被忽视的群体。我国农村老年人的生活质量总体上已处于社会最底层。农村老年人作为整个老年群体困难最多、最需要得到帮助的特殊群体，他们的生存状况令人担忧，存在生活条件较差，生活质量下降，营养得不到保障，精神生活极度贫乏，农村养老保险体制、医疗卫生体制不健全，为老服务不到位等诸多问题，这急需我们从社会学角度出发，探讨农村老年人宜居环境。

（1）老年宜居环境建设

世界卫生组织在 1961 年就提出了健康人居环境的四个基本理念，即"安全性"（efficiency）、"舒适性"（comfort）、"便捷性"（convenient）、"健康性"（health）。老年宜居环境建设，主要是从老年人居住的实体环境出发，从自然、人工环境上进行相应的改造和建设，建设有利于老年人晚年生活的绿色环境。其次，加强社区公共配套设施、服务设施和活动设施的建设，提高老年人生活的舒适度和便捷性；加强空间的规划与设计，突出无障碍通道的建设，满足老年人需求，提升社区特色文化内涵，为老年营造一个舒心环境。

（2）老年服务体系建设

老年宜居社区服务体系建设，应大力发展社区老年福利服务机构和充实服务内容。要加强社区服务中心、老年活动中心、社区卫生服务中心（站）、老年日间护理中心等基础服务设施建设，丰富并发展老年生活照护、医疗卫生、康复护理、文体娱乐、信息咨询、老年教育等养老服务项目的内容和形式，加强服务人员的专业技能培训，提高专业人员的服务水平，推进社会工作者（师）、养老护理员（师）等职业资格认证工作，打造专职服务人员与志愿者相结合的专业化服务队伍；制定完善老年人在业、再就业及从事公益活动的政策和措施，健全完善社区的组织管理体制和监督评估机制，依托社区信息平台，建立为老服务热线、紧急救援系统、数字网络系统等多种求助和服务形式，构建一张完善的养老、医疗、照料、教育、维权服务网络，为老年人提供就近就便的多种服务。

（3）老年文化体系建设

老年宜居社区文化建设，应重点加强社区孝道文化建设和老年文化活动建设。应积极开展丰富多彩的孝与感恩的教育活动，营造尊老、敬亲、互助和睦的社区敬老文化氛围，建设充满历史文化底蕴以及地方性知识的社会文化环境。根据老年人的特长、爱好和兴趣，引导鼓励老年人积极参与组建老年合唱团、舞蹈队、门球队、健美操等文体队伍，策划组织老年人主动参与合唱、舞蹈、戏曲、剑拳、体操、书画、比赛、演出等各种社区文体活动，丰富老年人的精神文化生活（图3-4、图3-5）。建立老年教育学校，鼓励老人学习新的自己喜欢的知识。支持、鼓励和引导并提高老年人口参与度，开发老年人力资源，推动老年人从事社区公共事务管理，如咨询服务工作、公益活动、著书立说、教育等工作，发挥老年人余热，延续社会对他们价值的认可的。关怀老年人，促使老年人正确对待衰老，心理保持年轻态，树立正确生死观。帮助老年人适应社会角色转变，帮助老人树立平和心态，建立良好的依恋关系和家庭关系。重老人的信仰，重视老年人的心理健康和精神生活，定期为老人开展心理健康咨询工作。老年宜居文化建设不得不说是丰富老年精神生活的良好方式。

（4）老年服务组织建设

老年宜居社区服务组织建设，首先要充分发挥社区居民委员会的主观能动性，依据客观事实，实现自我管理、自我服务。对老年社区服务内容、服务过程和服务结果进行设计实施，控制监督、评估管理。其次要发展老年中介服务组织。发挥社区老年人协会的职能，培育老年合唱团、舞蹈队等文体活动组织，以及老年养花协会、钓鱼协会等休闲活动组织，引导支持他们按照章程开展健康有益的活动，实现自我管理、自我教育和自我服务。积极鼓励居家养老服

图 3-4　舟山干施岙村老人在绘制孝亲墙

图 3-5　舟山展茅街道螺们社区组织观看露天电影

务组织发展连片辐射、连锁经营、统一管理的服务模式。再次，加强社区志愿组织建设，积极发展居家养老服务的志愿者组织和队伍，鼓励和支持社会各界组成的志愿为老服务组织，建立社区志愿者服务长效管理机制。

3.2.4　可持续发展理论及其对农村老年宜居研究的指导作用

（一）基本理论

人们对可持续发展理论内涵的认知，经历了从生存到发展，再从发展到可持续发展的过程。可持续发展被视作是一个自然—社会—经济辅助系统中的行为矢量，该矢量将导致国家或地区的发展朝向日趋合理、更为和谐的方向进化❶。可持续发展理论（Sustainable Development Theory）是指既满足当代人的需要，又不对后代人满足其需要的能力构成危害的发展。可持续发展理论的基本思想包含以下几点：（1）可持续发展并不否定经济增长。经济发展是人类生存和进步所必需的，也是社会发展和保持、改善环境的物质保障。（2）可持续发展以自然资源为基础，同环境承载能力相协调。可持续发展追求人与自然的和谐。可持续性可以通过适当的经济手段、技术措施和政府干预得以实现，目的是降低自然资源的消耗速度，使之低于再生速度。如形成有效的利益驱动机制，引导企业采用清洁工艺和生产非污染物品，引导消费者采用可持续消费方式，并推动生产方式的改革。（3）可持续发展以提高生活质量为目标，同社会进步相适应。单纯追求产值的增长不能体现发展的内涵。"经济发展"比"经济增长"的概念更广泛、意义更深远。若不能使社会经济结构发生变化，不能使一系列社会发展目标得以实现，就不能承认其为"发展"，就是所谓的"没有发展的增长"。（4）可持续发展承认自然环境的价值。这种价值不仅体现在环境对经济系统的支撑和服务上，也体现在环境对生命保障系统的支持上，应当把生产中环境资源的投入计入生产成本和产品价格之中，逐步修改和完善国民经济核算体系，即"绿色GDP"。为了全面反映自然资源的价值，产品价格应当完整地反映三部分成本：资源开采或资源获取成本；与开采、获取、使用有关的环境成本，如环境净化成本和环境损害成本；由于当代人使用了某项资源而不可能为后代人使用的效益损失，即用户成本。产品销售价格应该是这些成本加上税及流通费用的总和，

---

❶ 牛文元. 可持续发展理论的内涵认知——纪念联合国里约环发大会20周年[J]. 中国人口·资源与环境，2012，5.

由生产者和消费者承担，最终由消费者承担。（5）可持续发展是培育新的经济增长点的有利因素。通常认为，贯彻可持续发展要治理污染、保护环境、限制滥采乱伐和浪费资源，这对经济发展是一种制约、一种限制。而实际上，贯彻可持续发展所限制的是那些质量差、效益低的产业。在对这些产业作某些限制的同时，恰恰为那些质优、效高，具有合理、持续、健康发展条件的绿色产业、环保产业、保健产业、节能产业等提供了发展的良机，培育了大批新的经济增长点。

1972 年 6 月，联合国在瑞典首都斯德哥尔摩召开人类环境会议，大会通过了《联合国人类环境宣言》。宣言指出："在发展中国家，环境问题大多是由于发展不足造成的，发展中国家必须致力于发展，牢记它们的优先任务，保护和改善环境。"这是联合国首次把环境问题与发展问题联系起来，第一次明确提出发展中国家要在发展中解决环境问题。1980 年，世界自然保护联盟和许多国家的政府、专家共同制定了《世界自然保护大纲》，提出应该把资源保护和人类发展统一起来考虑，第一次较明确地表述了既要发展又要保护的思想。1983 年，联合国第 38 届大会通过决议，成立世界环境与发展委员会（WCED），着手制订"全球的变革日程"，开始研究到 2000 年乃至更远时期实现可持续发展的长期环境问题对策。1987 年 2 月，在日本东京召开大会，正式公布了世称"布伦特兰报告"的《我们共同的未来》，同时发表了"东京宣言"，呼吁全球各国将可持续发展纳入其发展目标，并提出八大原则作为行动指南。报告声称："我们需要一个新的发展途径，一个能持续人类进步的途径，我们寻求的不仅仅是在几个地方、几年内的发展，而是在整个地球遥远将来的发展。"1990 年，联合国组织起草会议主要文件《21 世纪议程》。1992 年 6 月，联合国环境与发展大会（简称"环发大会"）在巴西的里约热内卢召开，会议将可持续发展确定为大会的指导方针，通过了具有历史意义的《21 世纪议程》。议程明确指出，可持续发展是当今人类发展的主题，人类要把环境问题同经济、社会发展结合起来，树立环境与发展相协调的新发展观。至此，可持续发展作为一种思想和理论得到了较具体、较充分的阐发。

目前在国际上有上百种与可持续发展相关的理论，其中最有代表性，也是影响较大的可持续发展的定义，可概括以下几类（范柏乃、邓峰、马庆国，1998）。（1）可持续发展的目标是发展、保证人类生存。戴利认为，持续发展的基本目标是在尽可能长的人类生存时间内，保证最多人数的生活，达到目标的途径是零人口增长和对不可再生资源使用速度和人均消费的控制（H·Daly，1993）❶。（2）可持续发展的本质是寻求经济与环境生态之间的动态平衡。可持续发展这一概念最早是由生态学家提出的，即所谓"生态持续性"（Ecological Sustainabili-ty），旨在说明经济发展与生态（包括环境）之间的平衡。（3）可持续发展的核心在于公平性，维持几代人的经济福利。布伦特兰在她提交给联合国世界环境与发展委员会的《我们共同的未来》报告中，把可持续发展定义为：既满足当代人的需要，又不对后代人满足其需要的能力构成危害的发展（Brundland，1987）。这个定义在国际社会得到普遍认同和广泛引用。（4）可持续发展是非经济概念。可持续发展是指社会政治系统中全体人员的积极参与、收入的公平分配和人与自然的协作而非控制（Douglass，1984；Alauddin and Tisdell，1988）。

虽然对可持续发展的含义学界有不同的看法和定义，但是人们还是达成了一定的共识，如以下几点（王青云，2004）：（1）可持续发展是"社会、经济、生态"三维复合的协调发展。可持续发展不同于传统的发展观，它不是一种单纯的经济增长过程，而是一种"社会、经济、生态"三维复合的协调发展，是一种全面的社会进步和社会变革过程。（2）可持续发展强调以人为中心全面发展。强调以

---

❶ H·Daly，etc. Valuing the earth：economics，ecoloy，ethics. The MIT Press，Massachusctts，1993.

人为中心包含两层意思：一是社会的发展首先应表现为人口素质的全面提高，一个现代化的国家，人口必须首先现代化，人口的现代化水平是社会进步、经济增长的显著标志；二是社会人口应保持与社会持续发展相适应的增长速度，如零增长状态。（3）可持续发展强调发展潜力的培植。可持续发展是一种不牺牲后代人发展机会和发展权利，保证后代人发展机会与当代人一样多的发展。它不仅仅只注重发展的状态和目标，而是更注重发展趋势的持久力和耐力，注重未来的发展能力和发展机会。

从全球普遍认可的概念中，我们可以梳理出可持续发展有以下几个方面的丰富内涵：（1）共同发展。地球是一个复杂的巨系统，每个国家或地区都是这个巨系统不可分割的子系统。系统的最根本特征是其整体性，每个子系统都和其他子系统相互联系并发生作用，只要一个系统发生问题，都会直接或间接影响到其他系统的紊乱，甚至会诱发系统的整体突变，这在地球生态系统中表现最为突出。因此，可持续发展追求的是整体发展和协调发展，即共同发展；（2）协调发展。协调发展包括经济、社会、环境三大系统的整体协调，也包括世界、国家和地区三个空间层面的协调，还包括一个国家或地区经济与人口、资源、环境、社会以及内部各个阶层的协调，持续发展源于协调发展；（3）公平发展。世界经济的发展呈现出因水平差异而表现出来的层次性，这是发展过程中始终存在的问题。但是这种发展水平的层次性若因不公平、不平等而引发或加剧，就会因为局部而上升到整体，并最终影响到整个世界的可持续发展。可持续发展思想的公平发展包含两个维度：一是时间维度上的公平，当代人的发展不能以损害后代人的发展能力为代价；二是空间维度上的公平，一个国家或地区的发展不能以损害其他国家或地区的发展能力为代价；（4）高效发展。公平和效率是可持续发展的两个轮子。可持续发展的效率不同于经济学的效率，可持续发展的效率既包括经济意义上的效率，也包含着自然资源和环境的损益的成分。因此，可持续发展思想的高效发展是指经济、社会、资源、环境、人口等协调下的高效率发展;(5)多维发展。人类社会的发展表现出全球化的趋势,但是不同国家与地区的发展水平是不同的,而且不同国家与地区又有着异质性的文化、体制、地理环境、国际环境等发展背景。此外,因为可持续发展又是一个综合性、全球性的概念,要考虑到不同地域实体的可接受性,因此,可持续发展本身包含了多样性、多模式、多维度选择的内涵。在可持续发展这个全球性目标的约束和指导下,各国与各地区在实施可持续发展战略时,应该从国情或区情出发,走符合本国或本区实际的,多样性、多模式的可持续发展道路。

（二）对农村老年宜居环境研究的指导作用

可持续发展理论是农村宜居研究的最根本理论之一,对农村宜居建设具有重要的指导意义。(1)根据可持续发展理论的基本含义,农村老年宜居的建设要建立在人口、经济、社会、资源和环境相互协调发展的基础之上,通过协调使农村经济得到持续发展,社会得到不断进步,老人得到不断尊重,生态环境得到良性循环,最终实现农村可持续发展的战略目标,从而提高农村老年宜居性。王琳、陈前虎从代内、代际两条轴线的公平原则来论述浙江省诸暨市牌头镇城镇建设,认为在"可持续发展"的理论指引下,城市规划要立足现在、考虑长远,科学合理配置用地,充分体现用地的集约性与社会的公平性,以实现城镇的可持续发展。张多来教授认为解决湖南人口老龄化问题,实现可持续发展的战略可以采取以下几点对策:①实施老年人再就业工程,减轻劳动人口对老年人口的负担,同时也为老年人养老积累更多的财富;②开发老龄服务产业,创建养老服务产业体系;③建立老年医疗保健制度,确保老年医疗费用安全运行;④设立老年"服务银行"或"劳务银行",创建具有中国特色的老年群体自我服务体系;⑤建设好社区,发挥社区卫生服务优势,为老年人提供方便、及时、周到、连续、快捷、经济、舒适的优质服务环境；⑥依靠科技进步，壮大湖南经济实力，为应对人口老龄化打下雄厚的物质基础。田雪原认为人口老龄化应注重代际关系问题，从宏观的政府保障代际公平、中观的发挥社区助老功能、微观的家庭平等代际交换三个战略选择方面论述人口老龄化与可持续发展的关系。（2）农村老年宜居研究关注的核心问题是如何实现农村老年人经济收入、社会保障、居住环境、资源配置、代际公平等要素全面协调与可持续发展，这也是测度和计算农村宜居性应遵循的基本原则。应对人口老龄化，促进可持续发展应该从以下几点着手：①大力发展经济，提高对人口老龄化的承受力；②建立和完善符合中国国情的安老体系；③开发利用老年人力资源，提高老年人口在经济发展中的贡献率（许冬梅，2005）。同时，我国是在生产力尚不够发达的情况下迎来人口老龄化，社会养老保障覆盖面小且水平比较低；然而商品经济的发展和泛商品观念的侵蚀，使得子女拒不赡养者呈大幅度上升趋势。田雪原认为维系公平的代际交换在理论上是合理的，在实践上是必需的，要通过法律的、行政的、道德的等多种手段予以确认和维护。除经济上的供养外，这种公平代际交换还应包括精神方面的内容，要将尊老、敬老纳入社会道德建设之中，发扬中华民族优秀传统。

3.2.5　人居环境理论及其对农村老年宜居研究的指导作用

（一）基本理论

人居环境是人类生存和发展的基础，是人类与环境最直接、最密切、最具体地进行物质交换的地理空间 ❶。随着物质生活的极大丰富，人们对生活的质量及环境也有了更高层次的追求。这种追求从数量型转为质量型，从物质型转为精神型，从户内型转为户外型。

---

❶ 李娜. 兰州城市人居环境可持续发展评价及预警研究 [D]. 兰州大学，2006.

因此，人居环境也成为衡量人民生活水平的又一重要指标❶。早在第二次世界大战之后，希腊学者道萨迪亚斯就提出了"人居环境科学"的概念。不同于传统的建筑学，他所考虑的是小到乡村、大到城市不同尺度、不同层次的整个人类的聚居环境，而非单纯的建筑或城市问题。人类聚居环境泛指人类集聚或居住的生存环境，特别是指建筑、城市、风景园林等人为建成的环境。人居环境科学就是在人类居住的环境这两大要素范畴基础上发展起来的新学科。它是探索和研究人类因各类生存活动需求而构筑空间、场所、领域的学问，是一门综合性的，对包括乡村、集镇、城市等在内的以人为中心的人类聚居活动与以生存环境为中心的生物圈及其联系加以研究的科学，是对建筑学、城市规划学、景观建筑学的综合，是大容量、多层次、多学科的综合系统。道萨迪亚斯限定了人居环境的五种元素，这些元素对于人居环境的包容性来讲是本质的要素：①人（man）。其中心意思为单个的人，在生物学中，这个词包括男性和女性。后来道萨迪亚斯用希腊词汇"anthropos"取代了"man"这个单词，从而使其含义更广；②社会（society）。社会通过人口变化动向、群体行为、社会风俗、职业、收入和政府来处理人以及他们之间的相互影响。越来越重要的是，当小的社群被更大的社群吸收后，怎样保护这些小型社群的内在价值；③自然（nature）。自然代表一个生态系统，人类和社会在这个系统里工作和运转，我们也在这个系统里规划人居环境。人类、机器、人居环境和自然的相互关系非常重要，而区域、洲和整个地球的承载力也极为关键；④建筑（shells）。常常用来代表所有的建筑和构筑物；⑤网络（networks）。交通、通信和公共设施网络支持着人居环境，并通过建立结构和组织将它们联系起来。网络的改变将深刻地影响城市模式，同时网络的发展常常预示着城市和社会新的发展。

❶ 张淑敏.济南城市人居环境质量综合评价与优化研究[D].山东师范大学，2005.

人居环境是人类工作劳动、生活居住、休息游乐和社会交往的空间场所。人居环境科学是以包括乡村、城镇、城市等在内的所有人类聚居形式为研究对象的科学，它着重研究人与环境之间的相互关系，强调把人类聚居作为一个整体，从政治、社会、文化、技术等各个方面全面、系统、综合地加以研究，其目的是要了解、掌握人类聚居发生、发展的客观规律，从而更好地建设符合人类理想的聚居环境。人居环境宜居性强调各个系统的和谐共处，社会安定平稳，经济蓬勃发展，人口规模合理，城市环境宜人，同时具有较高的生活便捷度，生活其中的人可以安居乐业，有张有弛，实现人与环境、人与人的和谐相处。人居环境宜居性的特点有以下几点：①社会和谐稳定。人居环境要"宜居"，必须保证居民的最基本生活，因此应建立起多层次、健全的社会保障体系；②基础设施完善。宜居的人居环境必然是一个基础设施先进、完备，居民生活与出行方便、快捷的环境；③人与自然和谐。人居离不开自然生态环境，健康而稳定的生态环境是人居环境宜居的物质基础。只有良好的自然生态环境才能保证人类自身发展，才能实现人与自然的真正和谐；④城市景观宜人。宜居性要求必须拥有良好的自然生态环境和尺度宜人的建筑人工环境，满足居民的生理和心理舒适要求；⑤文化丰富多彩，人居环境的宜居性要求必须维护城市文脉的延续性，以传承历史，延续文明，兼收并蓄，融合现代文明，营造高品位的文化环境（杨靖，2012）。

西方学者关于城市人居环境研究的代表性观点认为，西方人居环境理论发展可分为三个阶段。第一阶段为19世纪末至二战前。主要有"自然生态观的研究""功能与结构形体研究""解析性的探讨"；第二阶段为二战后至20世纪70年代。主要理论有"人居环境科学与内容"、"社区发展"、"定量分析与实践研究"；第三阶段为20世纪80年代以后。主要研究有"人居环境的改善上升为全球性的奋斗纲领""社区运动、邻里复兴计划和邻里指标的发展""人居环境资源评价普查技术逐步成熟"●。国外人居环境思想一直蕴含在城市规划学的内容里，直至20世纪50年代，道萨迪亚斯创立人类聚居学后才开始了系统的研究。在发展过程中，不同学科的专家学者纷纷加入了研究的行列，不断地丰富学科的内涵。到目前为止，国外人居环境研究大致可以归纳为以下几个主要学派，即城市规划学派、人居聚居学派、地理学派和生态学派等●。（1）城市规划学派。国外人居环境研究始于城市规划学。19世纪末20世纪初，以霍华德、盖迪斯（P.Geddes）、芒福德（L.Mumford）等为代表的城市规划先驱者开创了人居环境研究的先河。1898年，霍华德提出"田园城市"（Garden City）的概念，认为建设理想的城市，应兼有城和乡二者的优点，并使城市生活与乡村生活像磁体一样相互吸引，共同结合，这个城乡结合体就是田园城市●。盖迪斯从生物学着手，进行人类生态学的探讨，研究人与环境的关系、现代城市成长和变化的动力以及人类居住与地区的关系。芒福德在城市规划方面做出了创造性的贡献，他注重以人为中心，强调以人的尺度为基准进行城市规划，并提出影响深远的区域观和自然观。（2）人类聚居学派。以道萨迪亚斯为代表的人类聚居学派脱胎于城市规划学派，并逐步形成独立的学科体系，在人居环境发展过程中发挥着不可替代的重要作用。"人类聚居学"强调把包括乡村、城镇、城市等在内的所有人类住区作为一个整体，从人类住区的"元素"（自然、人、社会、房屋、网络）进行广义的系统的研究●。（3）地理学派。人地关系中，人类活动和地理环境的相互作用错综复杂，可以通过最能体现人地关系本质的联结点剖析人地关系的主要问题●。人居环境是人类生产和生活的主要

● 李王鸣，叶信岳，祁巍锋．中外人居环境理论与实践发展评述[J]．浙江大学学报，2000，3．
● 祁新华，程煜，陈烈，陈君．国外人居环境研究回顾与展望[J]．世界地理研究，2007，6．
● E. Howard. Garden Cities of Tomorrow[M]. Faber and Faber, London, 1946.
● 吴良镛．人居环境科学导论[M]．北京：中国建筑工业出版社，2001．
● 金其铭，杨山等．人文地理学概念[M]．南京：江苏教育出版社，1993：245-247．

场所，是人地关系矛盾最集中和突出的地方，因此可以说人居环境是人地关系最基本的联结点。（4）生态学派。生态学派以人类生态学为理论基础，重点研究居住空间结构。

我国人居环境研究发展较为缓慢，直到 20 世纪 80 年代改革开放后，才陆续不断有专家学者进行相关研究和探讨。1993 年，吴良镛先生受道萨迪亚斯人类聚居学理论的启发，和周干峙、林志群一道，结合中国国情和建筑业现状，以及 20 世纪 80 年代以后世界上广泛兴起的"环境浪潮"，在道氏学说的基础上创立了"人居环境科学"（the Sciences of Human Settlements），提出该学科是一门以人类聚居（包括村庄、集镇、城市等）为研究对象，着重探讨人与环境相互关系的科学，强调把人类聚居作为一个整体，而不像城市规划学、地理学、社会学那样，只涉及人类聚居的某一部分或是某个侧面，从政治、社会、文化、技术等各个方面，全面、系统、综合地加以研究，其目的是了解、掌握人居现象发生、发展的客观规律，以便更好地建设符合人类理想的聚居环境❶（图 3-6）。1994 年，我国通过了《中国 21 世纪议程——中国 21 世纪人口、环境与发展白皮书》;同年，中国建筑学界召开了"人居环境与二十一世纪华夏建筑学术研讨会"。1995 年，国家自然科学基金委员会主持了"人聚环境与建筑创作理论青年学者学术研讨会"，在这个会议上，"人类聚居环境"作为学术术语在我国正式被提出。1998 年，吴志强、蔚芳的《可持续发展的中国人居环境的评价体系及模式研究》、陈秉钊等编著的《可持续发展中国人居环境》、鲍世行的《山水城市——21 世纪中国的人居环境》、俞孔坚的《景观·文化·生态与感知》等论著被列为国家自然科学基金的重点项目目。2001 年，吴良镛先生出版著作《人居环境科学导论》，基本上确立了人居环境科学的学术框架，这对我国人居环境科学发展具有里程碑的意义。此后在众多专家学者的努力下，

---

❶ 吴良镛.人居环境科学导论 [M]. 北京:中国建筑工业出版社，2001.

人居环境科学得到了长足的发展，在不同的领域取得了丰硕的成果，如朱署东编著的《人居环境向理想进发》，赵万民等编著的《城市化进程中的江津现代人居环境建设》，段炼的《三峡区域新人居环境建设研究》，张文忠等编著的《人居环境与居民空间行为》，马明、钱德胜编著的《人居环境学》等著作都从各自的领域论述中国的人居环境。

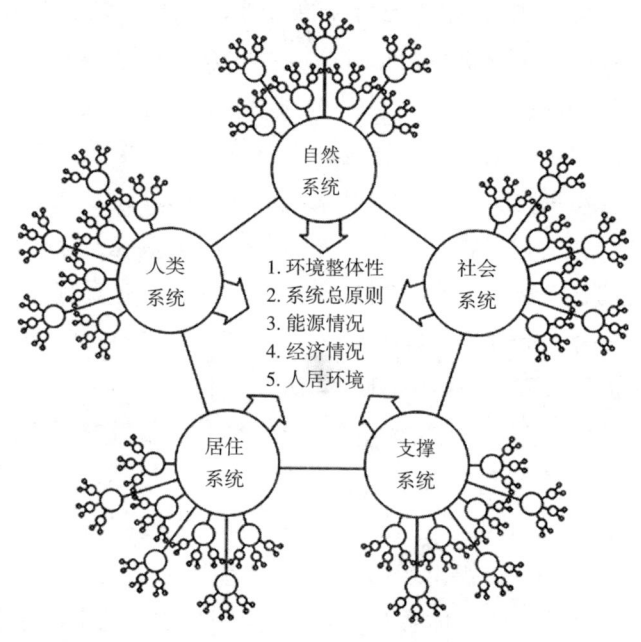

图 3-6　人居环境系统模型

资料来源：Ekistics,1976(5), p246

转引自：吴良镛. 人居环境科学导论 [M]. 北京：中国建筑工业出版社，2002:40.

　　由于我国是发展中国家，我们的人居环境科学理论发展处于初级阶段，目前主要还是针对城市进行探讨和实践，在农村主要是以新农村建设为主进行相应的人居环境实践，而对农村老年人人居环境的探讨几乎没有，处于空白状态。简而言之，人居环境指的是人类居住生活的自然、经济、社会和文化环境的总称。其内容涵盖了居住条件、与居住生活有关的自然地理状况、生态环境、基础设施条件、环境卫生状况、教育和文化氛围、社会习俗等各方面。农村村镇人居环境是指人类在乡村这样一个大的地理系统背景下，进行着居住、耕作、交通、文化、教育、卫生、娱乐等活动，在利用自然、改造自然的过程中创造的环境❶。关于农村人居环境的内涵，学术界还没有一个统一的科学定义，众多学者都是根据吴良镛的定义，再结合农村人居环境特点以及自身理解作出了科学解释。2006年，胡伟将农村人居环境内涵定义为，农村村镇人居环境是指人类在乡村这样一个大的地理系统背景下，进行居住、耕作、交通、文化、教育、卫生、娱乐等活动，在利用自然、改造自然的过程中创造的环境❷。改善农村人居环境应有计划、有步骤、有选择地开展村庄整治，所谓村庄整治，就是立足于村庄已有房屋、设施和自然条件，通过政府帮扶与农民自主参与相结合的形式，突出乡土特色和传统文化，分期分批有序地改造、整治和建设必要的基础设施和公共设施，以低成本、低资源消耗、不增加农民负担的方式改善农村人居环境❸。2001年，赵之枫针对农村地区出现的浪费土地、污染严重等问题，从城乡关系、人口和消费、生态环境、能源利用、社区建设和使用周期等方面探讨了乡村人居环境可持续发展的对策❹。2005年，陈珊、鲍继峰等从乡村外部环境整治出发，提出乡村外部环境整治规划❺。2008年，李伯华等把农村人居环境的内涵分解为人文环境、地域空间环境和自然生态环境，三者之间遵循一定的逻辑关联，共同构成

❶ 胡伟，冯长春，陈春.农村人居环境优化系统研究[J].城市发展研究，2006，6.
❷ 胡伟，冯长春，陈春.农村人居环境优化系统研究[J].城市发展研究，2006，13（6）：11-17.
❸ 李兵弟.农村人居环境治理的路径和方法[J].中国井冈山干部学院学报，2006，6：18.
❹ 赵之枫.乡村人居环境建设的构想[J].生态经济，2001，5.
❺ 陈珊，鲍继峰，周东.乡村外部空间环境整治规划的探讨[J].天津城市建设学院学报，2005，3.

农村人居环境的内容❶。2009 年，彭震伟等把农村人居环境理解为农村社会环境、自然环境和人工环境的共同组成体，是对农村的生态、环境、社会等各方面的综合反映，是城乡人居环境学科的重要内容❷。于文彬试图将物联网技术与老年人健康服务系统相结合，通过健康管理平台和防病监测专家系统平台的支持，联合社区、医务卫生机构，建立老年人宜居环境体系❸。张帆的研究则主要通过在对老年人群体的生理及心理特征进行分析后，提出将老年人宜居环境分解为不同物理空间范畴的层面，即宜老居住环境、宜老社区环境、宜老居住小区环境、老年宜居社会环境，并提出各个层面的宜居环境的含义❹。胡仁禄更多关注于老年居住环境的房屋设计、空间结构及配套设施的布局、福利服务等，探讨养老院、老年公寓、老年社区等机构养老环境❺。

（二）对农村老年宜居环境研究的指导作用

吴良镛将人居环境定义为"是人类的聚居生活的地方，是与人类生存活动密切相关的地表空间，它是人类在大自然中赖以生存的基地，是人类利用自然、改造自然的主要场所❻。"人居环境问题引起人们的广泛关注，但是由于受二元经济体系的影响，很长一段时间内忽视了农村人居环境的改善问题。自然环境给了我们赖以生存的空间，不管从什么角度考虑，我们都应该可持续地进行人居环境的开发，提高人们的生活品质。2006 年党中央对社会主义新农村建设做出了全面、深刻、系统的阐述，特别强调要"加强村庄规划和人居环境治理"。可见，改善农村人居环境是我国经济社会发展的重

---

❶ 李伯华,曾菊新,胡娟.乡村人居环境研究进展与展望 [J].地理与地理信息科学,2008,24(5): 70-74.

❷ 彭震伟, 陆嘉.基于城乡统筹的农村人居环境发展 [J].城市规划, 2009, 33 (5): 66-68.

❸ 于文彬, 杜融.老年人宜居环境体系的系统设计与应用 [J].河北省科学院学报, 2011, 3: 11.

❹ 张帆, 石文.老年人宜居环境研究 [J].城市规划, 2010, 11: 48-50.

❺ 杨国霞, 沈山.我国居家养老住宅居住空间分析 [J].住宅科技, 2011, 10: 12.

❻ 吴良镛.人居环境科学导论 [M].北京:中国建筑工业出版社, 2001.

要任务，搞好我国农村人居环境，对促进农村社会、经济和环境的发展、统筹城乡的协调发展、解决"三农"问题，构建和谐社会和建设社会主义新农村均有着重大意义。人、物、空间是构成人居环境的三大要素，这三者是密不可分的，其中"人"是处于首要地位的，而农村老年宜居就更要关注"老人"，只有把老人放在首要位置，从老年人出发进行农村宜居建设，才能更好地突出新农村和谐建设。由于我国农村条件千差万别，发展状况参差不齐，社会机构错综复杂，农村老年宜居环境建设的起点不同，标准有高有低，进度不一，因此，应该遵循因地制宜的原则，注重从老年人的需求出发，设立相关环境保护区、老年社区保护区。其次，农村老年人居环境的建设是一个复杂而艰巨的系统工程，因此在进行农村老年人居环境建设时，应充分运用系统优化的思想，遵循系统论原则，全面整体推动农村经济发展、生态平衡和尊老爱老文化繁荣，增强农村的综合承载力。再次，还应遵循经济效益、生态效益和社会效益相结合原则。2007 年，彭震伟、孙婕以无锡市郊和沈阳市北郊的农村为案例，分析其人居环境体系的现状特征，探讨不同发展特征地区农村人居环境体系规划的策略及方法❶。农村老年人宜居环境建设是一个涉及多方面、多层次、多学科的问题。通过对人居环境理论的分析，可以更好地为我国农村老年宜居环境建设提供一份参考，其中台湾的"城乡风貌改造运动"实践对我国农村人居环境建设具有很大的启示作用。2014 年，周政旭总结了台湾"城乡风貌改造运动"的主要成效有：①以空间营建为主线，改善环境景观品质；②注重均衡项目分布，促进城乡共同发展；③凸显地方精神，弘扬地方文化；④价值观深入人心，社会同步建设❷。

---

❶ 彭震伟，孙婕．经济发达地区和欠发达地区的农村人居环境体系比较 [J]．城市规划学刊，2007，2．

❷ 周政旭．中国台湾的"城乡风貌改造运动"及其对大陆农村人居环境建设的启示 [J]．国际城市规划，2014，3．

3.2.6 德尔菲理论及其对农村老年宜居研究的指导作用

（一）基本理论

德尔菲法是在 20 世纪 40 年代由 O. 赫尔姆和 N. 达尔克首创，经过 T.J. 戈尔登和兰德公司进一步发展而成的。"德尔菲"这一名词起源于古希腊有关太阳神阿波罗的神话，传说中阿波罗具有预见未来的能力。因此，这种预测方法被命名为"德尔菲法"。1946 年，美国兰德公司为避免集体讨论存在的屈从于权威或盲目服从多数的缺陷，首次用这种方法进行定性预测，后来该方法被迅速广泛采用。它由主持意见的测验机构以书面的形式征询各个专家的意见，背靠背地反复多次汇总与征询意见，主要靠人的经验、知识和综合分析能力来进行预测 [1]。德尔菲法本质上是一种反馈匿名函询法，是一种利用函询形式的集体匿名思想交流过程。这种方法具有广泛的代表性，较为可靠。该方法除了在科技领域应用之外，还可以用于其他领域的预测，如新农村建设预测、人口预测、医疗保健预测、城市规划预测、教育预测等。此外，它还可用于评价、决策和规划工作，在长远规划者和决策者心目中享有很高的可信度。20 世纪 80 年代以来，我国也开始采用德尔菲法进行预测、决策分析和编制规划工作。

杨忠全等通过运用实例，采用平均值法、权重统计法、中位值法及模糊分析法对德尔菲法进行了定量探讨 [2]。用德尔菲法进行定量预测是对某一项目在预定时间内可能达到的性能水平（包括数量、质量）进行预测，经过数轮反复对专家的答复进行处理，以量的形式作出预测。这样一来，它就突破了传统定性方法对数量分析的限制，为更合理地制定决策开阔了思路，而用其他方法都很难获得这样的明确答复。刘学毅通过将德尔菲法运用到交叉学科研究评价

---

[1] 宋子成. 通用科学方法三百种 [M]. 北京：中国科技咨询服务中心预测开发公司，1984.

[2] 杨忠全，吴颖，袁德美. 德尔菲法的定量探讨 [J]. 情报理论与实践，1995，5.

中，依据交叉学科研究评价的实际情况，克服德尔菲法的缺点，对德尔菲法的某些规则进行修正，既保持德尔菲法的基本特点，又改变德尔菲法的匿名、反馈等基本特征，并在处理预测结果时将交叉学科研究的某些特性作为加权数，使得预测范围更加接近交叉学科研究的现实❶。同时刘学毅认为德尔菲法有以下四大特点：（1）专家组成员的权威性。吸收专家参与预测，充分利用专家的经验和学识。（2）专家组成员的匿名性。匿名是德尔菲法极其重要的特点，从事预测的专家采用匿名或背靠背的方式，每一位专家独立自由地做出自己的判断。（3）预测过程的有控趋同性。专家组成员的交流是通过回答组织者的问题来实现的，它一般要经过若干轮反馈才能完成预测，使专家的意见逐渐趋同。（4）预测统计的定量性。以往在计算预测结果时一般是反映多数人的观点，少数人的观点往往被忽视。预测统计则报告一个中位数和两个四分点，其中一半落在两个四分点内，一半落在两个四分点之外。这样，每种观点都可以包括在内。德尔菲法的这些特点使它成为一种非常有效的判断预测法。宋俐、羊海涛应用德尔菲法确立了以服务能力、服务内容和服务效果为主体框架的评价指标体系，建立了一套适合江苏省农村基本公共卫生服务工作的评价指标体系，具有较强的针对性❷。

德尔菲法有一套自己的程序，刘学毅（2007）认为德尔菲法的程序有以下5点：（1）组成专家小组。按照课题所需要的知识范围，确定专家。专家组的人数可根据预测课题的大小和涉及面的宽窄而定，一般不超过20人。（2）向所有专家提出所要预测的问题及有关要求，并附上有关这个问题的所有背景材料及专家索取的材料。（3）各个专家根据他们所收到的材料，提出自己的预测意见，并说明自己是怎样利用这些材料并提出预测值的。（4）将各位专家第一

❶ 刘学毅. 德尔菲法在交叉学科研究评价中的运用 [J]. 西南交通大学学报，2007，4.
❷ 宋俐，羊海涛. 应用德尔菲法建立农村基本公共卫生服务评价指标体系 [J]. 江苏预防医学，2011，3（22），2.

次判断意见汇总,列成图表进行对比,将汇总的意见分发给各位专家,让专家比较自己同他人的不同意见,修改自己的意见和判断。也可以把各位专家的意见加以整理,或请身份更高的其他专家加以评论,然后把这些意见再分送给各位专家,以便他们参考后修改自己的意见。(5)将所有专家的修改意见收集起来汇总,再次分发给各位专家,以便做第二次修改。逐轮收集意见并为专家反馈信息是德尔菲法的主要环节。收集意见和信息反馈一般要经过3～4轮,直到每一个专家不再改变自己的意见为止。刘长明、刘海萍、唐蒙认为德尔菲法在应用中已形成一种固定的格式,其实施的流程如图3-7所示,按该方法的固定程序,组织者收到专家的意见后进行统计整理. 将同样的意见征询表连同统计结果反馈给专家,往复数次,直到集中趋势和离散趋势达到理想的结果为止。

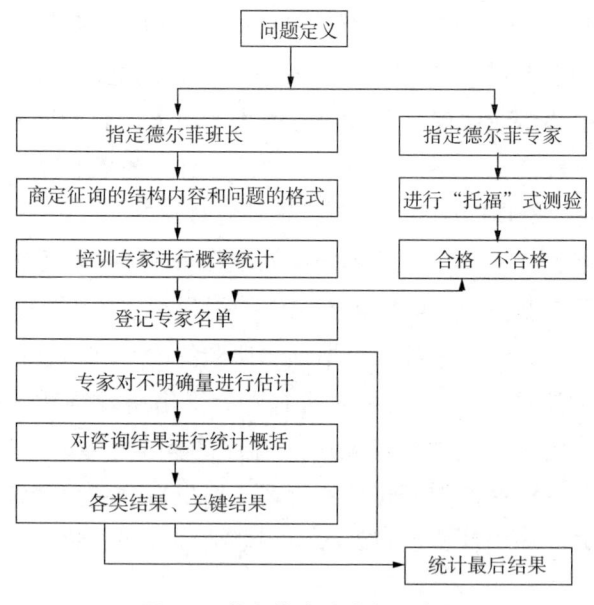

图3-7 德尔菲方法流程示意图

（二）对农村老年宜居环境研究的指导作用

德尔菲法含有集中众人智慧与经验之意。该方法的实质是函询和反馈，它不需要召集专家讨论，而是将需要回答的问题编写为意见征询表，寄给专家们，要求他们书面回答后寄回来，再用统计方法整理专家意见。该方法的优点是匿名性，征询和回答均以书信方式进行，因而个人的权威、资历、口才、劝说和压力等不会对回答问题产生影响，便于回答者把意见充分发表出来。德尔菲法作为一种主观、定性的方法，不仅可以用于预测领域，而且可以广泛应用于各种评价指标体系的建立和具体指标的确定过程。德尔菲法对农村老年宜居环境建设评估具有较好的参考意义，它可以对农村老年宜居环境进行定性预测，对各级指标进行定量设置，采用平均值法、权重统计法、中位值法、模糊分析法等方法进行评价和预测，然后经过一定的数学模型进行计算，最后得出浙江农村老年宜居环境的预测结果。建设农村老年宜居环境，实质上就是在全体村民及社会组织的共同努力下，建立一个最适宜居住和生活的农村老年生活居住区。菲尔德法成败的关键在于对专家的选择，因此，在浙江农村老年宜居环境研究中的专家学者都是经过精心挑选、仔细斟酌，熟悉浙江农村老年工作，尤其是对农村老年宜居方面有着丰富的理论知识和实践经验的专家，涉及省、市、乡、村的老年居住环境、社保法律、交通网络、幸福健康等基本相关机构人员。通过德尔菲法的有效预测，提出浙江农村老年宜居环境评价指标体系，编制浙江农村老年宜居环境评价指标征询表，最后对方案进行评价。因此，这一理论也可以成为分析农村老年宜居的基础理论。

3.2.7　新农村建设理论及其对农村老年宜居研究的指导作用

（一）基本理论

关于我国社会主义新农村建设的提出背景，在学术界的认识基本上是统一的。我国新农村建设的理论发展大致经历了以下四个方面。

（1）城乡融合理论。这个理论主要是由马克思和恩格斯提出的关于城乡经济关系的理论，恩格斯于1847年在《共产主义原理》一文中，就提出了"城乡融合"思想。他说："城市和乡村之间的对立也将消失。从事农业和工业劳动的将是同样的一些人，而不再是两个不同的阶级。单从物质方面的原因来看，这已经是共产主义联合体的必要条件了。"他还进一步在《反杜林论》中论述了"城乡融合"的必要性，"城市和乡村的对立的消灭不仅是可能的，它已经成为工业生产本身的直接需要，正如它已经成为农业生产和公共卫生事业的需要一样。只有通过城市和乡村的融合，现在的空气、水和土地的污染才能排除，只有通过这种融合，才能使现在城市中日益病弱的群众的粪便不致引起疾病，而是用来作为植物的肥料❶。"在他们看来，要解决城乡对立问题，就必须改变现行的城乡分工和分配格局，实行城乡融合，进一步发展社会分工。所谓城乡融合，就是农村公社"将从事工业生产和农业生产，将结合城市和乡村生活方式的优点而避免二者的偏颇和缺点"。这个科学的论断，从生产力的角度，揭示了人类社会和经济发展的基本趋势和正确方向，为建立新型的城乡关系奠定了理论基础；并提示人们，只有发展生产力，通过城乡互动的过程，也就是农业现代化、工业现代化（包括乡村工业化）、乡村人口城镇化的整个过程，才能逐步达到消灭三大差别，实现城乡融合，建立新型城乡经济关系的目的。从二战后农村建设的实践看，各种方法和模式其实都没有超出城乡融合理论的思维范畴。

（2）二元结构理论。二元经济结构理论是由英国经济学家刘易斯于1954年发表的《劳动无限供给条件下的经济发展》一文中率先提出的，它是区域经济学的奠基性理论之一。"二元经济结构"指的是在发展中国家并存着由传统的自给自足的农业经济体系和城市现

---

❶ 马克思恩格斯选集：第3卷[M]. 北京：人民出版社，1972：335.

代工业体系两种不同的经济体系。刘易斯指出，发展中国家的经济通常由两类性质不同的部门所构成：传统的农业部门和现代化的工业部门，它们形成了"二元经济"。传统农业部门生产率低，且存在剩余劳动力；城市工业部门生产率高，且基本上没有失业。当工业部门积累越多、吸收农村剩余劳动力越多时，它的发展就越快；而当农村剩余劳力减少和不存在时，工业部门吸收劳力的成本就将提高，同时，农业部门因劳力短缺而出现农产品供应不足，于是价格上扬，城市和工业通过市场价格机制向农村和农业转移的资源也随之增加，因此农业技术水平提高、产出增加。这一过程反复进行，最终将导致农业部门的现代化，二元经济转变为现代一元经济。二元结构理论从二元经济和市场机制的作用入手，提出了利用城市工业化来带动农村发展的思路，成为有代表性的城乡发展理论。从二战后各国工业化和农村的实际发展情况而言，新农村建设不排斥市场的作用，而是市场作用基础上的政府和财政优化配置的过程。

（3）综合反贫困模型。农村贫困人口的大量存在是农村落后的直接表现，因此，有关贫困和反贫困的理论也为农村建设提供了思路和线索。1943年，罗森斯坦·罗丹在英国《经济学杂志》发表文章《东欧和东南欧国家的工业化问题》一文，系统地阐述了平衡增长理论模型，提出了著名的"大推进理论"，其理论核心就是在发展中国家或地区对国民经济的各个部门同时进行大规模投资，以促进这些部门的平衡增长，从而推动整个国民经济的高速增长和全面发展。1958年，赫尔曼在《经济发展战略》一文中提出不平衡增长模型，指出发展战略的路程好比一条"不均衡的链条"，从主导部门到其他部门，从一个产业到另一个产业，经济发展常常采取踩跷跷板的推进形式，从一种不平衡走向新的不平衡。法国著名经济学代表人物弗朗索瓦·佩鲁（Francois Perroux）提出了发展极理论，进一步丰富了不平衡增长理论模式的内涵。1960年，美国经济学家舒尔茨在美国经济学会上发表题为《人力资本投资——一个经济学家的观点》的著名演讲，并提出了一个著名的观点："经济发展主要取决于人的发展，而不是自然资源的丰瘠或资本存量的多寡。"缪尔达尔认为，解决贫困问题应从制度改革着手，以创造平等条件为中心。在他看来，"在贫困和不平等之间有多个方面的联系，社会和经济的不平等是一个国家贫困的主要原因。从计划角度看，这意味着更大的平等是让一个国家摆脱贫困的前提条件"。在反贫困战略上，他除了强调大规模的改革外，还强调改善贫困人口的生活条件、营养状况、提高他们的健康和受教育水平，使所有人都有公平的机会去改善他们的命运。

（4）公共财政理论。公共财政是市场经济下的政府财政，其经济实质就是市场经济财政。公共财政理论和公共财政学，实际上就是市场财政学，即关于"市场财政"的科学。1954 年，萨缪尔逊在其有重要影响的论文中提出了公共品概念。1958 年，马斯格雷夫明确提出了现代政府和财政的三大职能问题。他将财政弥补市场配置的缺陷、提供公共品和公共服务称为财政的资源配置职能，并指出财政应介入收入分配、履行公平分配的职能，还应调节市场供求、履行稳定经济和保证经济适度增长的职能。1998 年，国务院副总理李岚清代表中共中央明确提出"积极创造条件，逐步建立公共财政基本框架"，并且从那个时候起，作为中国财政改革与发展目标的明确定位，公共财政建设正式进入了政府部门的工作议程。在新农村建设中，公共财政的基本任务就是提供农村公共品，并通过农村公共支出和相关的税收活动来缩小城乡收入差距，解决农村需求不足和经济运行不稳定的问题。

在我国，现代新农村建设的代表理论主要有三个方面。林毅夫、郑新立等认为，我国新农村建设的应该着眼于通过大规模的基础建设启动农村的大量需求 ❶。重点解决农村上下水、供电、道路等基础

---

❶ 林毅夫 . 新农村运动与启动内需 [J]. 北京大学中国经济研究中心研究简报，1999，7：26.

设施的建设，并改善农村工业品的销售网络，使强大的制造业生产能力得到释放，进而促进国民经济高速发展。温铁军等则认为农村制度、文化和环境等软环境建设是新农村建设的重点 ❶。新农村建设应该从农村自身的历史文化和特定环境进行因地制宜的建设，提高农村的软环境，而不是简单地把硬环境建设好就可以了。同时新农村建设应逐步建立起比较符合农村实际的社会保障体制，逐渐把在城市中已经相对过剩的社会文化资源引向农村，适当引入外来志愿者帮助农民把各种社会文化组织发展起来。韩俊等则认为政策部门倾向于折中理论，即在加强基础设施建设的同时，也强调农村教育、制度等软环境的建设 ❷。还有其他学者强调农村价值观念的重建、三农的发展，但也有学者对新农村建设的效果和后果提出了质疑。关于如何建设新农村，理论上仍然没有一个统一的认识。但是政府已经开始重新思考新农村建设，并且不断调整和实施相关政策法规。2005 年 10 月，党的十六届五中全会通过的《中共中央关于制定国民经济和社会发展第十一个五年规划的建议》中指出，"建设社会主义新农村是我国现代化进程中的重大历史任务"，要按照"生产发展、生活宽裕、乡风文明、村容整洁、管理民主"的要求，坚持从各地实际出发，尊重农民意愿，扎实稳步推进新农村建设。建设社会主义新农村，是在全面建设小康社会的关键时期，我国总体上经济发展已进入以工促农、以城带乡的新阶段，以人为本与构建和谐社会理念深入人心的新形势下，中央作出的又一个重大决策，是统筹城乡发展，实行"工业反哺农业、城市支持农村"方针的具体化。2010 年，中共十七届五中全会公报指出："要推进农业现代化、加快社会主义新农村建设，统筹城乡发展，加快发展现代农业，加强农村基础设施建设和公共服务，拓宽农民增收渠道，完善农村发展体

❶ 温铁军 . 新农村建设要实现三新 [N]. 人民日报，2005，10，31.
❷ 韩俊 . 论扎实推进社会主义新农村建设论 [N]. 人民日报，2006，2，13.

制机制,建设农民幸福生活的美好家园。"2015 年,中央一号文件提出,加快提升农村基础设施水平,推进城乡基本公共服务均等化,提出今年解决无电人口用电问题,全面推进农村人居环境整治,提升农村社会文明程度,让农村成为农民安居乐业的美丽家园。

（二）对农村老年宜居环境研究的指导作用

新农村建设是农村宜居的主要载体,新农村建设理论是研究农村老年宜居的最直接的理论基础,这一理论对农村老年宜居环境建设研究的指导意义为:（1）新农村的基础建设理论。要求政府对新农村投入大量的基础设施建设,如果每个农村的基础公共设施建设都达到和城市基础设施建设一样的水平,那农村老年宜居的基础建设也得到了一定的保障。（2）农村软环境建设理论。浙江省开展美丽乡村建设的重点就是打造"一村一品"的软环境建设,主要是针对各个村落的独特文化、地域特征和自然风格进行因地制宜的建设,通过安吉模式在全省进行推广,使浙江美丽乡村建设更具有抓手。（3）新农村建设的折中主义理论。主要以农民增收为中心,加强基础设施建设,完善教育、卫生、医疗体系等,达到城乡融合。只有把新农村建设好,才能在这个基础上进行更好的农村老年宜居环境建设。因此,在老龄化高速发展的今天,我们对新农村的建设更应该考虑到老年人群体的利益。农村老年宜居的核心必须坚持"以老人为本",充分重视人的意识建设及人的生活质量、环境建设,积极推进社会主义新农村建设。总之,社会主义新农村建设是我国社会经济持续发展的需要,也是建立和谐社会和推进现代化发展的需要。社会主义新农村建设将使我国结束一段漫长而沉重的历史,进入一个全新而伟大的时代。面对这一重大历史任务,我们需要进行充分的准备,包括物质的、精神意识与理论思想的准备。

4 浙江农村老年宜居环境调研分析

4.1 浙北农村老年人宜居环境调研分析

4.1.1 浙北的地理位置划分

为了方便实地调研，我们把杭嘉湖地区划分为浙北地区。关于浙北农村老年人宜居环境的调研，我们将主要从这三个地区进行实地调研和问卷访谈。

杭州，地处中国东南沿海地区，浙江省西北部。辖上城、下城、拱墅、江干、西湖、滨江、萧山、余杭 8 个区，临安、富阳、建德 3 个县级市，桐庐、淳安 2 个县。

湖州，地处浙江省北部，太湖南岸，环太湖地区，因湖而得名；东邻上海，南接杭州，西依宣城，北濒太湖；紧邻江苏、安徽两省。

嘉兴，位于浙江省东北部、长江三角洲杭嘉湖平原腹心地带，是上海、杭州、苏州的交通枢纽，陆地面积 3915km^2。

4.1.2 浙北老年人口比例

浙北老年人口比例如表 4-1 所示。

杭州、湖州、嘉兴 2012 年 60 岁及以上老年人口概况　　　　表 4-1

地区	老年人口数（万人）	占总人口的比例（%）	与上年同期相比		城镇（万人）	农村（万人）
			增加老年人口数（万人）	老年人口增长比例（%）		
杭州	127.89	18.26	5.7	4.66	74.32	53.58
湖州	53.02	20.25	1.82	3.55	19.04	33.98
嘉兴	73.24	21.27	4.21	6.1	26.44	46.8

（1）杭州的老年人口比例

新中国成立初至 20 世纪 60 年代末，杭州人口年龄结构基本处于年轻型时期。在 1953 年至 1964 年的 11 年间，老年人口系数变化幅度不大，年龄中位数反而下降，由 23.13 岁降至 19.04 岁。

20 世纪 70 年代至 80 年代末，杭州人口年龄结构基本处于成年型时期。1990 年各项指标已呈现将要进入老龄化的迹象。

20 世纪 90 年代初至今，随着经济水平的不断发展，杭州人口也进入老年型时期。据杭州市民政局统计，每 100 个人中就有 17 个 60 岁以上的老人，并且还呈日趋增长之势，由此可见杭州老龄化发展趋势越来越迅猛已经是不争的事实。早在 1990 年时，杭州的人口年龄结构已显露老龄化的端倪，1990 年，65 岁及以上人口比例为 6.79%，接近 7% 的老龄化标准。2000 年，杭州人口年龄结构完全进入老年型时期（表 4-2）。从人口绝对量增长情况看，1990 年到 2000 年，杭州总人口增长 17.93%；而同期老年人口增长 51.98%，大大高于总人口增长幅度。

杭州市人口年龄构成　　　　表 4-2

年份	0～14 岁人口比例（%）	65 岁以上人口比例(%)	老少比（%）	年龄中位数（岁）
1953	33	3	10	23.13
1964	41.81	3.95	9.45	19.04
1982	24.41	5.89	23.65	25.19
1990	20.19	6.79	33.63	28.72
2000	16.45	8.76	33.24	33.2

资料来源：童宁辅. 杭州市人口年龄结构现状及老龄化趋势分析 [J]. 中共杭州市委党校学报，2002，2.

（2）湖州的老年人口比例

据人口抽样调查资料显示（表 4-3），2007 年湖州全市常住总人口增加了 17.44 万人，年均增长率为 0.92%。其中 60 岁及以上老年人口占人口总数的比例也有所增加，相较于 2000 年第五次人口普查增加了 3.2%。65 岁老年人人口增加了 1.8%。老少比例由最初的38.2% 增加到 86.8%，平均增加了 33%。直到 2015 年，据市民政局统计，每 100 个湖州人中就有 22 个老人。由此我们也可以看出湖州市人口老龄化增长趋势的迅速性。

湖州人口年龄结构变化状况　　　　　　　　　　表 4-3

年份	0 ~ 14 岁（%）	15 ~ 64 岁（%）	65 岁以上（%）	老少比（%）
1990	20	72.3	7.7	38.2
2000	18.5	71.6	9.9	53.8
2005	15.4	74.1	10.5	68.6
2007	13.6	74.6	11.8	86.8

注：本表及文中有关人口数据统计口径不完全一致，其中 1990 年、2000 年为第四次、第五次人口普查数据，2005 年为 1% 人口抽样调查数据，2007 年为 5‰ 人口抽样调查数据。

（3）嘉兴的老年人口比例

嘉兴老年人口比例如表 4-4 所示。

嘉兴市人口老龄化现状及发展趋势　　　　　表 4-4

年份	1990	2000	2005	2010	2037	2100	老龄化国际标准
老年人口比重（%）	7.55	9.59	11.5	12.8	31.94	26.54	> 7.00
少儿比重（%）	18.34	17.81	14.6	12.51	10.85	12.46	< 30.00
老少比（%）	41.18	53.85	78.77	102.32	294.37	213	> 30.00
年龄中位数（岁）	30.2	35.13	40.39	43.41	50.43	49.35	> 30.00

资料来源：1990 年、2000 年数据根据嘉兴市"四普""五普"人口普查资料分析整理

4.1.3　浙北农村老年宜居环境调研分析

4.1.3.1　浙北农村老年宜居硬环境分析

（1）村落规划

浙北村落部分沿河流分布，部分沿山分布。沿河流分布的村落

在河流两边，河流贯穿村落;沿山分布则绕山，以山上产物发展经济。

村落布局分散，建筑布局自由，造成用地浪费，公共服务设施配置难、效果差，设施普遍缺乏的现象。主要表现在配套服务设施严重不足，配套标准低，公共卫生防疫设施不完善，农民建房缺乏科学规划。农村住宅通常由户主自行建造，可以自行规划、可塑性强，一般在屋前留有晒衣、种植蔬菜以及供小孩玩耍的场地。

（2）基础设施

基础设施是经济社会发展的基础，是衡量一个城市投资环境的重要方面，也是提高城乡人民物质文化生活水平的基本保障。

随着经济的发展，社区的配套服务设施也日渐完善，对于老年人的服务内容已经不仅仅局限于单一的家政服务了，它同时还涵盖了老年人的衣食住行、文体娱乐活动，以及知识技能普及的功能。以杭州为例，老年的社区服务已经向"助残、助洁、助医、助困、助急、助乐"六大方向扩展。更加人性化的模式出现，对于老年人的关心将不仅仅停留在表面，而是深入温暖了内心。除了杭州公办的养老机构之外，杭州市民办养老机构21家，床位3028张，占杭州养老机构总床位数的15.88%，其中包括托老所、老年公寓和敬老院等形式。运作较为成功的是杭州的"金色年华"养生公寓。

湖州加快养老服务基础设施建设。至2012年，全市80%以上乡镇建立了综合福利中心，同时鼓励和扶助民办养老机构发展，出台加大资金补贴、公建民营、税费优惠等优惠扶助政策和措施。

嘉兴共有各类养老机构近100家，床位约1.3万张。由于越来越多的民营资本投资兴办老年养老机构，嘉兴初步建立了以居家养老为基础、社区服务为依托、机构养老为补充的社会化养老服务体系。

（3）服务体系

为了更好地提升城市的综合实力，利用现有辖区资源，提高完善养老服务机制，杭州市政府积极地采取各项政策，例如为特殊困难老人免费安装"一键通"呼叫器，对全区的困难高龄独居老人提供必要的福利服务，实施医疗保险、法律维权，设置智能棋牌室、健身器材等，通过各方面提高老人的生活质量。截至 2013 年，全区已完成了 20 个"居家养老服务照料中心"的项目建设，为老年人生活的便利贡献了一分力量。

嘉兴南湖区位于嘉兴城南，是嘉兴市的中心城区，是政府驻地，同时也是著名革命纪念地。作为老旧城区，南湖区老龄化问题十分严重。面对日益加剧的老龄化趋势，南湖区开始建设养老服务体系，大力建立层次多、范围广的老年人服务体系，从而满足老年人日渐多元化的生活需求。例如，社区承担不同功能的服务中心开始联手合作、共同发展，在资源共享过程中实现优缺的互补、服务质量的提升。

湖州市提高老年人社会待遇，对 60 至 69 周岁的老年乘坐城市公交车，出入公益性体育场馆健身以及游览全市各国有旅游景区（景点）都可享受半价优惠。70 周岁及以上的老年人凭"老年人优待证"，除在规定时间段内进入公益性体育场馆可免费，其余上述地方也均可免费❶。同时，湖州市市政府不断地加强养老护理员队伍建设，提高养老服务人员的待遇。

（4）居家环境

杭州市政府加大投入，实现对老人更为人性化的关怀，不断提升养老院的服务功能，使其更为完善，从单一型向综合型转变。目前杭州的余杭、良渚、径山等地已完成了对养老院的提升和完善，已建有民营的仁济老年颐乐园，民办华临山庄老年公寓、绿城蓝庭老年颐养公寓等养老机构。同时，闲林老年康复疗养中心（暂名）、塘栖镇老年公寓、杭州余杭仁和生态颐养公寓、瓶窑南山养生苑等养老公寓项目也在积极的筹建之中。

---

❶ 浙江省人民政府办公厅关于转发省老龄工作委员会 2011-2013 年为老年人办实事意见的通知 . http://www.zhejiang.gov.cn/art/2013/1/4/art_13012_68309.html.

城乡居家养老服务工作在湖州推行。建成城乡社区居家养老服务照料中心 120 个，扶持兼并养老服务功能的三星级示范性农村老年活动室 80 个，并落实每个每年活动经费 1 万元。一半的村由村委会组织开展"银龄互助"服务活动，对困难老人的购买服务政府将标准提高 40%。健全了市、县（区）、街道（乡镇）、社区（村）四级居家养老服务网络。建立了养老服务补贴制度，对没有自理能力和没有理智思考能力的城乡低保老人给予养老服务补贴。湖州全面深化老年友好城市的创建工作。截至 2013 年，全市共创建 60 个老年友好基层单位、10 个老年宜居社区。

2016 年嘉兴市出台了《关于加快发展养老服务业的实施意见》，到 2020 年，全面建成以居家为基础、社区为依托、机构为支撑、信息为辅助，功能完善、布局合理、规模适度、覆盖城乡的社会养老服务体系，养老服务产品更加丰富，市场机制不断健全，养老服务业持续健康发展。为了更好地服务老人，嘉兴市将大力推进社区居家养老服务照料中心建设，确保到 2015 年底城市社区全覆盖，到 2017 年底农村社区全覆盖。引入社会组织和企业兴办、运营居家养老服务照料中心。开展社区居家养老服务照料中心等级评定工作，落实建设和运行补助政策。发挥各类社区服务设施的作用，推动老年人家庭无障碍改造，推进坡道、电梯、公厕等与老年人生活密切相关的公共设施无障碍改造。加快推进现有的社会福利机构和镇（街道）敬老院转型为护理型养老机构，每个镇（街道）原则上都要建设 1 所以上以护理为主的养老机构。积极稳妥推进公建民营，原则上今后新建的公办机构都要通过公开招投标，以承包、委托运营、合资合作等方式，实行市场化运行。

（5）医疗环境

随着湖州市社会经济的快速发展，老年人的生活水平和医疗条件都有了很大的改善和提高，加上老年人的自我保健意识逐渐加强，也促进了湖州市整体养老体系的提升。建立完善老年医疗保障政策体系，提高医疗服务水平，推进新型农村合作医疗制度、农村重大疾病医疗保障试点，为 65 岁以上老年人提供免费体检和健康咨询指导，开展老年康复和护理服务，探索制订居家养老、长期护理政策等，各项工作取得积极进展。城镇职工基本医疗保险、城镇居民医疗保险、新型农村合作医疗保险参保率达到 95% 以上。实现参加城乡居民社会养老保险等各类参保老年人群门诊统筹全覆盖。

杭州构建覆盖余杭全民的医疗保障网络。全区医疗卫生机构有 347 家，其中区属医疗卫生单位 10 家，镇乡（街道）社区卫生服务中心 20 家，社区卫生服务站 175 家，民营医院、门诊部和个体诊所 84 家，其他企事业和社团医务室等机构 58 家，基本形成了居民 20 分钟卫生服务圈，有 99% 以上的老年人参加了医疗保险。

4.1.3.2 浙北农村老年宜居软环境分析

（1）人文氛围

杭州通过社会服务、场所和设施支持，社区、企业、社会组织以及家庭和个人的参与，为老年人提供适宜的公共社会资源和人文环境，营造全社会尊重、包容老年人的氛围。例如建造老年活动室，开展比赛活动等。通过不断完善社区工作基础、公共服务体系、老年保障制度、养老服务体系和工作推进机制，老年人生活的社区在环境优美、居住舒适、设施齐全、服务完善、文明和谐五个方面得到有效提升。目前，全区共创建二星级老年活动中心 338 家，建筑面积 15 万余 m^2，投入建设资金 8000 余万元，区财政以奖代补资金 843 万元。其中，市三星级老年活动中心 22 家，省四星级老年活动中心 3 家 ❶，同时新建老年地掷球场 2 个、门球场 22 个。充分整合利用社区现有的设施资源满足老年人文体活动需求，提高服务辐射能力，为老年群体注入新的活力。改善老年人的学习条件，挖掘老年教育资源，面向全体老年人

---

❶ 大力营造关爱老年人氛围 推进老龄事业健康有序发展 . 2014，2，20. http：//www.yuhang.gov.cn/xxgk/zzjg/zf/qzfbgs_13903/gzdt/201402/t20140220_912956.html.

提供公平均等的老年教育公共服务。充分利用现代信息技术，打造在线学习平台和"空中课堂""网上老年大学"，为老年人提供方便灵活、更加开放的学习渠道和方法，通过多渠道经费投入实现实体化运转需求，老年人入学率稳定在10%以上。

湖州丰富老年人精神文化生活。加强老年活动设施规划建设，中心镇老年活动中心达到85%以上，中心村达到90%以上。并定期开展送书下乡、送电影下乡等活动，设置适合老年人运动的健身器材，力求通过多种途径提高老年人生活的质量和乐趣。建立良好完善的养老服务体系，使老年人感受到人文的关怀、心灵的温暖。

嘉兴老年人生活较为丰富。有76.3%的老年人养有花或其他植物，有59.7%的老人经常参加体育锻炼，有40.3%的老人经常下棋，有36.4%的老人经常读书，有34.5%的老人学习书法和绘画，有21.5%的老年人参加过老年协会，有三四成左右的人参加过老年大学的学习。大部分老年人能以积极乐观的心态安度晚年生活，与邻里同伴一起开展活动，一起参加各种比赛，不断丰富着自己的生活。

（2）社会保障

浙江省早在2009年便建立起了覆盖全省城乡居民的社会养老保险制度，经过多年不断的完善，现在保障基本已全面覆盖。至2013年底，参加职工基本养老保险和城乡居民社会养老保险的老年人已超过17万人，享受基础养老金的老年人有23796人，全年共发放基础养老金4000余万元，保障范围已做到全覆盖，保障水平也得到明显提高。2015年底前，男年满70周岁、女年满65周岁及以上且不满80周岁的退休人员，每人每月增发30元；年满80周岁及以上的退休人员，每人每月增发60元。至2016年9月29日，杭州市机关企事业单位有123.3万名退休人员，基本养老金共调整补发金额17.48亿余元（不含机关事业单位退休人员）并发放到位。

湖州健全完善覆盖城乡的养老保障体系。在缴费档次、政府缴费补贴等方面与国家、省的政策进行了衔接，还对湖州市原有的缴费年限养老金、丧葬补助金和其他保障待遇叠加享受等特色政策作了进一步完善。至 2006 年底，市区城乡居民基本养老保险个人缴费在现有规定 8 档的基础上，再增加了 2 档，目前设定为每年 200 元、400 元、500 元、600 元、800 元、1000 元、1200 元、1400 元、1600 元、2000 元 10 个档次。同时，政府财政对市区城乡居民基本养老保险参保人员缴费给予补贴。

嘉兴 62.73% 的老年人退休金在 500 元以上，还有 11.27% 有 2000 元以上的收入，另外，大部分老年人有医疗保障。

（3）法律制度

杭州司法局。一是提供养老优待，保障老年人的基本生活。根据《中华人民共和国老年人权益保障法》《中共中央国务院关于加强老龄工作的决定》，将贫困老年人纳入城乡社会救助体系，做到应保尽保。二是开通快速通道，为老年人维权提供便利。对符合法律援助条件的老年人，法律援助机构要优先受理、优先审核和指派，免费提供法律咨询、文书代拟、代理、辩护、公证等法律服务。行动不便的老年人申请法律援助或向法院起诉和申请执行时，法律援助机构和司法部门要上门服务。老年人因合法权益受到侵害提起诉讼，缴纳诉讼费确有困难的，可以申请司法救助，可向法院申请缓交、减交或者免交有关收费。三是规范执法人员行为规范，保障维权质量。各级老龄工作机构应会同有关部门加强督促检查，把老年人社会优待和服务工作落到实处。对不按本规定履行优待老年人义务的单位和个人，由当地老龄工作机构提请其所在单位或上一级主管部门对其进行批评教育，责令其改正；拒绝履行优待老年人义务造成严重后果或不良影响的，由当地老龄工作机构提请其所在单位或上一级主管部门对直接的主管人员和直接责任人员给予行政处分。

湖州吴兴区司法局。一是降低门槛，拓宽法律援助范围。确定重点援助工作对象，将赡养、继承、离婚、分家析产纠纷和人身损害赔偿明确列为援助事项。简化法律援助程序，放宽受理范围，优先采用非诉讼调解方式。二是强化办案，提升维权质量。将法律援助工作资源向老年人维权案件倾斜，确保"两个优先，两个加强"，即对老年人法律援助申请优先受理，对老年人法律援助案件优先指派，对老年人援助办案过程加强跟踪介入，对老年人维权结案加强回访核查。三是进一步增强老年人法律援助工作能力。2008 年，共解答老年人来电咨询 69 件，接待老年人来访 69 件，受理老年人民事援助案件 73 件、刑事援助案件 2 件、行政援助案件 2 件，案件类型涉及交通事故人身损害赔偿、赡养费、医疗纠纷、劳动争议、福利待遇等多方面。同时，指派热心于公益事业的知名律师为老年人开展法律援助，做到细致、负责、专业地为老年人提供法律援助。四是创新载体，扩大宣传覆盖面。加大宣传力度，结合"法律六进"工作，通过开展现场法律咨询活动、发放宣传资料和法律援助卡、悬挂便民指示牌和张贴法律援助宣传海报等形式，进一步增强老年人维权意识和全社会责任意识。

嘉兴市司法局。一是开通法律援助"直通车"。对老年受援群体提供优先接待、优先满足、全程追踪的法律服务。进一步拓宽老年人法律援助范围，放宽经济审查条件，简化案件办理程序，为老年人提供高效便捷的法律服务。二是推行公证服务"免费用、免等待"。通过政府购买服务的方式，开展"公证惠民"服务活动。联合嘉兴广播电视台，开展重阳节公证惠民服务活动公告宣传，滚动播放活动字幕，详细公开优惠业务。敬老月期间，全市各公证服务点同步开展老年公益遗嘱公证活动，为 70 周岁以上老人免费办理遗嘱公证和遗嘱密封保管，减免老年群体办理公证费用。三是开辟多条服务渠道。在电视台、电台、报纸等媒体开设 12348 法援互动栏目的基础上，与市广电合作开设法律咨询直播节目《小鹿热线》，每周播出 4 期，每期时长 1 小时，由专职律师坐诊解答。

（4）老年参与

培训、引导带动老年文体活动开展，丰富老年人的日常生活。

充分发挥区老年人体育协会和老龄艺术协会示范引领作用，注重培育老年文体骨干。以多种形式带动老年活动的积极性，例如通过广场舞比赛、门球比赛等活动提高老年人的生活乐趣和生活质量。近年来，通过举办元宵老年文艺展演、老年文化艺术周、送文艺下基层等一系列活动，着力打造老年文体生活。创建、巡讲促进基层老年教育工作开展。重视老年教育工作，老年大学的招生人数呈逐年增长态势；组建区级老年教育讲师团，内容涉及卫生、保健、法律、历史、时事等，每年开展巡讲活动，对老年人进行耳濡目染的教育。

4.1.3.3　总结与评价

（1）存在的问题

老年人口如何幸福愉快地安度晚年，虽然涉及方方面面，但归根到底是老年人的赡养问题。长期以来，长辈抚养子女，子女赡养长辈，哺育与反哺的关系，形成了中华民族尊老敬老的传统美德。然而，目前家庭规模日益缩小，使传统的家庭养老模式受到冲击，人口的老龄化给社会带来的负担也不断加重，老年人口的发展面临着诸多问题，突出表现在以下几方面。

①农村城镇化步伐加快，人口流动迁移也随之加快，年轻人外出务工，老龄化问题日益严重，老人赡养的问题也日渐严峻。无人管无人问的空巢老人日渐增多，不仅仅是经济上的压力，更重要的是缺乏对老人心灵上的关爱。城市经济压力增大，城市青年的就业压力也随之增大，年轻人忙于事业无暇顾及年迈的父母。而农村青年进城务工，回家时间屈指可数，更无暇顾及家人，因此农村出现空巢老人以及留守儿童的现象更为严重和普遍，老年和儿童也被迫要自给自足。但随着年龄的增长，老年人的患病率也会大大上升，因此他们需要更多的日常护理、生活照料和社会服务。国内外的有关资料显示，人均医疗费用和年龄密切相关。一般情况下，60岁以上年龄组的医疗费用是60岁以下年龄组医疗费用的3倍，这必将加大家庭的负担，也会导致年轻人赡养老年

人消极情绪的产生。

②老年人口不断增加，负担系数逐步上升。老年人口抚养比是从经济角度反映人口老龄化的指标之一。老年人口的不断增长不仅仅意味着人口老龄化问题的日益严重，更意味着国家解决人口老龄化问题的压力增加，这不仅仅体现在民众思想方面，同时也存在于国家的经济压力方面。现行的劳动制度规定，男 60 岁和女 50 或 55 岁将从劳动岗位上退休，如按 60 岁老年人口计算，抚养比为 24.2%。增加的老年人口由于年老体弱，也必将会增加城市的医疗消费，同时也增加了政府对老年人医疗保险、养老保险的投入。老年人的增多同时也会减少劳动力供给，降低劳动生产率，制约新型产业的发展和产业结构的调整，从而不仅影响经济发展，也会影响城市的长久综合发展。

③家庭规模缩小，家庭养老功能削弱。随着城市化速度的加快，越来越多的年轻人选择定居在城市，而多数家庭都是独生子女家庭，多数老人因为经济原因自己不愿购买养老保险以及医疗保险，这必然也会造成老人赡养的相关问题。城市经济压力增大，年轻人不仅仅要供养子女，还要赡养老人。社会劳动年龄人口对老年人的抚养比将越来越大，再加上对幼年子女的抚养，必将加重劳动年龄人口的经济负担，更可能造成老人无人赡养的状况，因此为了解决这一问题，必须加快养老服务体系的建设。

④对于养老机构，地理位置、收费价格以及老年人旧有观念等因素造成了公办和民办的养老机构入住率不平衡。一些民办老年公寓负责人认为，公办养老机构僧多粥少，部分民办老年公寓相对冷清，是部分市民的偏见所致，实际上一些民办老年公寓的服务比公办的还好。

（2）优势所在

浙北整体经济较为发达，地理位置优越，处于发达的长三角东部地区，浙北杭嘉湖平原水乡地区自古以来就一直比较富裕，农村经济强，第三产业发展迅速，在老年宜居环境上也有着自己的优势所在。

①农村经济发展迅速，总体经济水平较高，农民较富裕。浙北的农村相对来讲比其他省市的农村经济好，因此有一定的经济能力推动农村老年养老服务和宜居环境的建设，可以在农村兴建居家养老中心、养老服务站、敬老院等养老公共场所，并且进一步完善养老院（中心）的基础设施和环境建设。

②农村农民养老意识增强。浙北地区乡镇镇府不断加大养老宣传，村民们的养老意识得到不断的增强，部分子女为老人买商业保险、农村保险、大病保险等，而经济较为富裕的老年人也开始为自己买各种养老保险，用保险来养老。

③浙北农村的公司、企业较多，尤其有一些加工厂、代工厂等简易操作的企业。身体较好的老年人还在家里或者厂里上班，以换取更多的报酬，每月能多赚1500元左右，一方面得到了锻炼，另一方面也提高了自己的经济收入。

4.2　浙东农村老年宜居环境的调研分析

4.2.1　浙东的地理位置划分

为了方便实地调研，我们将浙东地区人为地划分成了3个区域，分别是舟山、宁波、绍兴，对浙东农村老年人宜居环境的调研将主要从这3个区域进行比较类推。

舟山全市由1390个岛屿组成，是中国两个以群岛建立的地级市之一（图4-1）。虽然总面积为2.22万 km^2，但是陆地面积是浙江省地级市中最小的。舟山港湾众多、水深浪平、航道纵横，是中国屈指可数的天然深水良港，也是中国最大的海水产品生产、加工、销售基地，素有"东海鱼仓"和"中国渔都"之称。

图 4-1　舟山群岛全图

　　舟山拥有普陀山、嵊泗、桃花岛、朱家尖等风景名胜，构成了"千岛之城"独特的山海风光，且集海洋文化景观和佛教文化于一体，是旅游养老的好去处。

　　舟山最大的海洋特色资源莫若于"港、景、渔"，素有众多美名，如中国海鲜之都、中国优秀旅游城市、海洋经济强市、海洋文化名城、海上花园城市、国家级卫生城市等。

　　宁波，简称"甬"，地处东南沿海，位于中国大陆海岸线中段，长江三角洲南翼，东有舟山群岛为天然屏障，北濒杭州湾，西接绍兴市的嵊州、新昌、上虞，南临三门湾，并与台州的三门、天台相连。

　　宁波人文积淀丰厚，历史文化悠久，属于典型的江南水乡兼海港城市，是中国大运河南端出海口、"海上丝绸之路"东方始发港，其中最具代表性的宁波港被国际港航界权威杂志——英国《集装箱国际》评为"世界五佳港口"。

　　绍兴市是浙江省辖市，位于浙江省中北部、杭州湾南岸。东连宁波市，南临台州市和金华市，西接杭州市，北隔钱塘江与嘉兴市相望，属于亚热带季风气候，温暖湿润，四季分明。全境域东西长 130.4km，南北宽 118.1km，海岸线长 40km，陆域总面积为

8273.3km^2,市辖区总面积2942km^2,人口216.1万（2013年11月数据）。

4.2.2 浙东老年人口比例

（1）舟山老年人口比例

人口老龄化问题是21世纪世界广泛关注的热点问题之一，也是中国经济社会发展和人口发展所必须面临的一个挑战。如果按照国际通用的60岁以上老年人口达到总人口数的10%，或者65岁以上的老年人口占总人口数的7%的标准来衡量，舟山市早在20世纪90年代就提前进入了老龄化社会，并且舟山老年人口占总人口的比重持续提高。1953年，舟山市65岁以上人口占3.16%，老化指数为8.5%；1990年，65岁以上人口数迅速提高到6.32%，老化指数上升到了29.56%，年龄结构类型从年轻型转变为成年型；2010年，全面进入老年社会，可见舟山市人口老龄化的严重性（表4-5、表4-6）。

舟山市历次人口普查的年龄结构变化情况　　　　表4-5

		少儿人口系数	老年人口系数 ≥65岁	老化指数	年龄中位数	年龄结构类型
划分标准	年轻型	40%以上	4%以下	15%以下	20岁以下	—
	成年型	30%~40%	4%~7%	15%~30%	20~30岁	—
	年老型	30%以下	7%以上	30%以上	30岁以上	—
普查年份	1953年	37.31	3.16	8.5	—	年轻型
	1964年	44.19	3.58	8.1	—	年轻型
	1982年	26.05	5.28	20.27	25.20	成年型
	1990年	21.37	6.32	29.56	29.45	成年型
	2000年	15.27	9.33	61.04	36.31	全面进入老年型社会
	2010年	10.19	10.50	103.07	41.40	

资料来源：来自舟山市统计信息网

历次普查舟山市人口年龄构成和抚养比　　　　表 4-6

		1953 年	1964 年	1982 年	1990 年	2000 年	2010 年
年龄组	0 ~ 14 岁	37.31	44.19	26.05	21.37	15.27	10.19
	15 ~ 64 岁	59.53	52.23	68.67	72.31	75.40	79.31
	≥ 65 岁	3.16	3.58	5.28	6.32	9.33	10.50
抚养比	总抚养比（%）	67.99	91.47	45.63	38.71	—	26.09
	少儿抚养比（%）	62.67	84.62	37.93	29.55	20.26	12.85
	老年抚养比（%） （≥ 65 岁）	5.32	6.85	7.70	9.16	12.37	13.24

资料来源：舟山市统计信息网

（2）宁波老年人口比例

据中国新闻网调查数据显示，宁波 2014 年已进入中度老龄化社会。2013 年，宁波市老年人口较上年增加 6.4 万人，增长 5.66%，增长率首次突破 5%，是户籍总人口增长率的 21.5 倍；老龄化系数较上年提高 1.1%，年提高幅度首次突破 1%。全市 80 岁及以上高龄老人 18.1 万人，占老年人口总数的 15.3%，较上年增加 1.4 万人，增长 8%；纯老家庭老年人数 45.1 万，较上年增加 3.4 万，增长 8%。高龄与空巢两项增速均超过老年人口增速❶。

（3）绍兴老年人口比例

按户籍人口统计，截至 2006 年年底，绍兴市老年人口为 65.03万人，到 2013 年年底增长到 90.38 万人，老龄化系数由 2006 年年底的 14.92% 增长到 2013 年年底的 20.49%，绍兴老年人人口增长速度为 4% 以上，高于全省的平均水平。另外，截至 2012 年年末，绍兴老年人口总共 86.90 万，占人口比例的 19.71%，增加老年人口 4.67万，老年人口增长比例为 5.68%，城镇老年人口 29.62 万，农村老年人口 57.28 万。绍兴农村老年人口数量远远大于城镇老年人口数量，

---

❶　http://news.ifeng.com/gundong/detail_2014_02/12/33735302_0.shtml

且绍兴农村老年人口的数量在全省排名也遥遥领先，农村老年人口基数大，更加需要加以重视（表 4-7、表 4-8）。

2006 ～ 2013 年绍兴老年人增长情况表   表 4-7

年份	60 周岁以上老人数（万人）	占全市人口比例（%）
2006	65.03	14.92
2007	67.74	15.58
2008	71.43	16.35
2009	75.35	17.27
2010	78.42	17.94
2011	82.23	18.74
2012	86.9	19.71
2013	90.38	20.49

资料来源：笔者根据资料整理

浙江省 2012 年 60 岁及以上老年人口概况   表 4-8

地区	老年人口数（万人）	占总人口的比例（%）	与上年同期相比		城镇（万人）	农村（万人）
			增加老年人口数（万人）	老年人口增长比例（%）		
总计	857.69	17.87	34.46	4.19	279.13	578.56
杭州	127.89	18.26	5.70	4.66	74.32	53.58
嘉兴	73.24	21.27	4.21	6.10	26.44	46.80
湖州	53.02	20.25	1.82	3.55	19.04	33.98
宁波	112.38	19.42	5.18	4.83	37.56	74.82
绍兴	86.90	19.71	4.67	5.68	29.62	57.28
台州	95.41	16.13	4.12	4.51	18.90	76.51
舟山	19.86	20.36	0.92	4.86	5.34	14.52
金华	84.36	17.93	2.68	3.28	18.65	65.71
衢州	44.44	17.52	1.97	4.64	9.99	34.44
丽水	41.88	15.95	1.46	3.61	9.09	32.79
温州	118.30	14.81	1.72	1.48	30.19	88.12

资料来源：笔者根据资料整理

4.2.3 浙东农村老年宜居环境分析

4.2.3.1 浙东农村老年宜居硬环境分析

（1）村落布局

浙东地区地势独特，地处宁绍平原，东部沿海。属于亚热带季风气候，夏季高温多雨，冬季低温少雨，雨热同期。受这样的气候条件的影响，浙东农村主要可分为以耕作为主的农村、山村及以渔业为主的渔村等。"浙东多山，故刚劲而邻于亢"。浙东地区多丘陵，雨量充沛，因此村落居民在建造房子的时候会避免傍土丘或者丘陵而建，以达到安全的目的。另外，浙东地区河网密布，拥有丰富的天然水资源。最东部的舟山属于海岛城市，当地受海洋水汽的影响，空气湿润，雨量充沛。总体来说，浙东地区气候温和湿润，土地肥沃，适合多种农作物生长。根据当地气候湿热的特点，普遍采用敞厅、天井、通廊及可以灵活拆装的间壁，使内外空间既有分割又有联系，构成开敞通透的布局，达到明快开朗的效果。

（2）基础设施

浙江省财政设立"千村示范万村整治"工程专项资金，对浙东地区"千村示范万村整治"工程建设计划的行政村有关建设项目进行扶持。浙江省对于浙东沿海地区的基础设施建设非常重视，浙东基础设施建设与经济发展趋势基本吻合，均呈现上升趋势，两者协调程度不断加强，未来的基础设施与经济发展会稳步协调发展。以农村基础设施改善为主力，努力建设美丽乡村，根据其下发的建设工作要求，完善村落规划布局，凝聚农村居民力量，共同发展农村经济，以改善村落环境，不断健全农村公共服务体系，提升村民生活质量，极力推进城乡一体化建设，展现农村的新风貌。

（3）服务体系

浙东地区各地方政府以城乡一体化理论、基本公共服务均等化理论为依据，对新农村公共文化服务体系建设进行了改善，使各地政府成为新农村公共文化服务体系投资主体，镇村合力打造新农村公共文化服务体系，并且鼓励发展民间组织，使政府和民间组织共同发挥各自的力量，大力兴办民间服务机构，将高等学校及民间企业的实践活动作为发展服务行业的典范，学习发展社会服务体系。确立通过发展文化产业带动农村文化发展的思路，使经济、文化达到共同发展的目的。支持行业协会、农民专业合作社联合会、家庭农场主协会等农业社团拓展功能，提供市场信息收集、政策法规宣传等服务，切实做到大力培育新型农业服务主体。

（4）生态环境

浙东各个地区的政府为深入贯彻党的十八届三中、四中全会和省委十三届四次、五次全会精神，优化国土空间开发格局，增强区域开发的环境合理性，保障全省生态环境安全，提升生态文明建设水平。

干施岙村位于舟山市普陀区展茅街道的西南侧，北向疏港公路从村东经过，交通便利（图4-2）。全村总户数278户，总人口758人。耕田面积335亩，山林1500余亩，茶园130亩，各类水果530余亩，是一个以农、林、水果、种养、五匠等产业为主的农业村。干施岙村历史悠久，是富有乡土风情的古村落，成了许多文化研究人员以及艺术采风人员的必去之处，村里以"民间民俗文化游"为主线，

图4-2　干施岙村门

开发了许多供游客观赏游玩的项目，果树采摘、乡土风光、樟树林、丰收操场、青青溪流、民俗风情展览区、五匠馆、农耕大礼堂、垂钓园、"农家乐"等若干个区域，都为游客带来了赏心悦目的景象，让游客体验各种农村旅游的乐趣与奥妙（图4-3）。

图4-3　干施岙村娱乐项目——水车

干施岙村群山环抱，处于一片山清水秀之中。当设施建设与环境保护发生冲突时，村民都选择了保护环境与乡村建设共进，"既要金山银山，又要绿水青山"的理念始终提醒着村民一定不能忘了对环境的重视。村内的整体规划属于点散分布型，农村韵味的农家乐、具有文艺气息的采风园、童真童趣的儿童游乐场都在村里坐落。为了加强村里的文化氛围，村民还建了文化礼堂，既体现了对村民文化活动的重视，又能在一定程度上培养村民的文化情操。这样的干施岙村，在香樟味浓郁的海岛的映衬下，为游客提供了一个新的场所，并以其独特的生态环境和浓厚的民间民俗文化，成为舟山唯一的青少年传统游艺园。

（5）居家环境

随着经济的快速发展，浙东地区的居家生活质量情况越来越受到重视。浙东各地方政府积极响应号召，实施"三改一拆""五水共治"等决策，决心改善环境质量。对环境"脏、乱、差"，生活配套设施不足，居民停车难、出行难、绿化难等困扰百姓的问题各个突破，为人民群众尤其是老年人群体提供良好的居家环境。

舟山、宁波、绍兴这三个地区经济发展迅速，生活便利，交通发达。市公交公司现有各类营运车辆 600 多辆、营运线路 80 多条（包括快速公交线路 1 条），公交线网覆盖舟山市各市区及主要街道，行政乡村公交通车率达 100%，逐步建立起了布局合理、功能齐全、运营高效、畅通有序的本岛城乡公交一体化网络。同时对老年搭乘给予一定的便利，60 至 69 周岁市民半票，70 周岁以上市民免票，优惠线路从 13 条增加到 80 余条。

（6）医疗环境

浙东地区经济发达，所落实到的优惠必是方方面面。各地方政府思想上达成一致认为，加快推进民营医疗机构发展是各级政府的重要职责。民营医疗机构的快速发展必定离不开公办医疗机构的帮助和支持。要加快推进民营与公办医疗机构的相互扶持、人才流动和学习研讨。将民营资本注入公办医疗体系，推动经济的快速发展、服务体系的建成。加强和改善民生，建设政府主导、民众参与的多元化医疗服务体系。

鼓励人才合理流动。积极破除阻碍医务人员流动的体制性障碍，促进医务人员在不同举办主体的医疗机构之间有序流动。加强专业人员培养和引进，建立以卫生技术人员为重点的民营医疗机构人才队伍建设扶持机制。另外，做到进一步加大对民营医疗机构的政策扶持力度和医疗保障措施。

4.2.3.2　浙东农村老年宜居软环境分析

（1）人文氛围

民俗文化是以民间习俗为主题、以传统文化为依托，与一定民族的物质生活、精神生活、制度礼仪相融合的文化现象，是在历史、人文和自然条件等因素的作用下形成的，是精神文明构成的基质。干施岙村在创建农村老年宜居环境过程中善于提取民俗文化的良性基质，构筑了符合农村老年宜居环境建设的民俗文化资源开发利用体系，实现民俗文化资源的可持续利用（图 4-4、图 4-5）。

干施岙村规划布局科学，编制有《干施岙新农村十年建设规划》。

图 4-4　干施岙村文化墙建设

图 4-5　干施岙村文化大礼堂

1996 年被命名为"全国绿化千佳村"；2007 年当选省级"绿化示范村"；2010 年被命名为"浙江省特色旅游村"；依托旅游、农家乐、果园特色产业，创业增收，生活富裕，2012 年村民人均收入 18900 元；2006 年被命名为"全国敬老模范村"；2007 年被命名为"全国美德在农家活动示范点"；连续三年没有发生刑事案件，社会事件发生率基本控制在规定以内。

在各类评比中均处于领先地位的干施岙村，还有一个重要的内容，就是烘托出干施岙村浓浓文化氛围的"五匠"。"五匠"馆总投资 200 万元，占地面积 1200m^2，建筑面积 800m^2。馆内展示共分为"五匠"分布、操作造型、习俗风尚、师从礼议、工匠涉及历史上的重大事件五个部分，展区内许多栩栩如生的蜡像以及历史作品，都展现了舟山及周边地区的文化历史传承，是青少年参观学习的好去处，也是历史研究人员研究学习交流的场所。这个展馆丰富了干施岙村的文化氛围，也是游客的游览地。

（2）社会保障

"十二五"以来，浙东地区以应对人口老龄化战略为引领，围绕"老有所养、老有所医、老有所学、老有所为、老有所乐"为目标，全面实施老龄事业发展"十二五"规划，积极构建面向全体老年人的社会养老保障体系、老年健康支持体系、社会养老服务体系、老年公共文化服务体系，使广大老年人享有更加幸福美好的生活。

养老保障从"制度全覆盖"向"人员全覆盖"迈进。2012 年底，企业基本养老保险参保人数为 2083 万人，领取养老金人数 321 万人，月人均养老金 2091 元。城乡居民社会养老保险参保人数 1332 万人，领取基础养老金人数 572 万人，最低标准每人 80 元 / 月。享受高龄补贴的老年人有 128 万人，月人均标准达到 30 ~ 116 元。全省 22.88 万老年人纳入低保救助范围，基本实现了应保尽保、应补尽补。城乡低保平均标准分别为每人每月 476.8 元和 350 元，农村平均低保标准已达到城镇低保标准的 71%。

4.2.3.3 总结

通过走访、问卷调查以及文献查阅等途径，可以看出浙东地区老年宜居环境既有优点又有缺点。

（1）优点

浙东地区沿海，物阜民丰，区域经济较为发达，老年人生活富足。并且医疗发达、社保齐全、基础设施完备，文体娱乐活动也很充足。周遭交通便利发达，较适合老年人生活。

（2）缺点

尽管有较为完善的社保体系，但是个别老年人由于年老体弱又无子女，相关费用的上缴比较棘手。

根据问卷调查反映的情况，某些地区政府或者村委、居委会人员比较势力。对于村落当中比较有钱有势的老年人，相关人员会对其进行照顾，对于那些家中无权无势的老年人则是采取"不理睬"政策。

舟山地区除外，宁波、绍兴这两个地区环境质量较差，不适宜老年人的居家养老。

4.3 浙南农村老年宜居环境调研分析

4.3.1 浙南的地理位置

为了方便实地调研，将浙南地区划分成了三个区域，分别是温州、丽水、台州。对浙南农村老年人宜居环境的调研将主要从这三个地方进行比较类推。

（1）温州

温州位于浙江省东南部，东濒东海，南毗福建，西及西北部与丽水市相连，北和东北部与台州市接壤。温州市陆域面积 $11784km^2$，其中市区（鹿城、龙湾和瓯海 3 个区）面积 $1187km^2$，境内地势从西南向东北呈梯形倾斜。

（2）丽水

丽水，古称处州，是浙江省辖陆地面积最大的地级市，位于浙江省西南部，地貌以中山、丘陵为主，由西南向东北倾斜。境设1个市辖区——莲都区，7县——青田县、缙云县、遂昌县、松阳县、云和县、庆元县、景宁县，代管1县级市——龙泉市，总面积17298km²。其中，景宁县是中国唯一的畲族自治县。

（3）台州

台州依山面海，地势由西向东倾斜。西北山脉连绵，千米峰峦迭起；东南丘陵延缓，平原滩涂宽广，河道纵横；南面以雁荡山为屏，有括苍山、大雷山和天台山等主要山峰。近海有12个岛群、691个岛屿，主要有台州列岛和东矶列岛等。最大岛屿为玉环岛，现与大陆相连，大致构成"七山一水二分田"的结构特征。

4.3.2　浙南的老年人口比例

（1）温州

温州老龄人口的比例为14.81%，是浙江省最"年轻"的城市。数据显示，到2012年底，全省60岁及以上老年人共有857.69万人，占全省人口的17.87%。其中嘉兴、舟山和湖州3个城市的老龄化系数最高，老年人口占总人口的比例分别为21.27%、20.36%、20.25%。全省共有百岁老人1625人，其中温州有403人，占24.8%。

（2）丽水

丽水农村60岁及以上老年人口34.346万人，老年人口占总人口的16.59%。按户籍人口统计，至2013年底，全市60岁及以上老年人口43.77万人，其中城镇60岁及以上老年人口9.426万人，农村60岁及以上老年人口34.346万人，老年人口占总人口的16.59%，老年人口与 2012 年同期相比增长 4.52%。老龄化程度最高的为遂昌县,老年人口占总人口比重为 18.30%;其次是缙云县,老年人口占总人口比重为 17.47%;再次是云和县,老年人口占总人口比重为 17.40%;老龄化程度最低的为庆元县,老年人口占总人口的比重为 15.06%。全市 65 岁及以上老年人口 29.45 万人,70 岁及以上老年人口 18.46 万人,80 岁及以上老年人口 7.46 万人,90 岁及以上老年人口 8529 人,100 岁及以上老年人口 186 人。

(3)台州

台州农村老年人口占总人口的 17.6%。在户籍总人口中,18 岁以下的人口占 19.4%,18 ～ 60 岁之间的人口占 63.0%,60 岁以上的人口占 17.6%。其中,18 岁以下以及 18 ～ 60 岁之间的人口数,比起上年都在下降,只有 60 岁以上的人口数比上年提高了 0.7 个百分点。

4.3.3 浙南农村老年宜居环境调研分析

4.3.3.1 浙南农村老年宜居硬环境调研分析

(1)村落规划

浙南位于浙江省南部,由温州市、丽水市和台州市组成,包括临海、温岭、天台、玉环等 21 个县市,占地面积 38492km²,人口数量 1578 万。与宁波、绍兴、金华、衢州等城市接壤,东面濒临东海。浙南气候温暖湿润,四季分明,降雨丰富,日照充足,但是由于处于沿海地区,所以常有台风活动。

浙南的村落规划和建筑很讲究儒家的天人合一的思想,以及道家的师法自然的理念。在整个选址、定位、朝向以及结构装饰上,非常注重人与自然的和谐共存。利用合理的改造,寄情于山水,表达内心对自然的敬畏。浙南的地形主要以山地和丘陵为主,东面临海,所以在历史上交通非常不便捷,因此,逐渐形成了具有不同功能和作用的历史城镇和村落。这些城镇的选址更多的是为了防御与安全，所以通常会选择易守难攻的地方，这样可以在很大的程度上保障人身的安全，在这里居住的人具有强烈的防范意识❶。

（2）居住环境

浙南农村居住环境一般，空气污染和水污染较为严重，丽水相对好些，城市化的发展导致农村卫生差，空气不新鲜，影响老年人居住生活水平。

浙南农村的居住环境和生活服务不够完善。统计数据表明，有超过一半以上的老年人认为生活服务要求未能达到，而认为所有的生活服务能够得到满足的老年人不足 10%。很多老年人在退休以后，居住空间内没有适合的公共设施可以满足他们的日常活动，所以给他们的生活带来了很大的麻烦。这也导致很多老年人退休以后宅在家，生活状况封闭，不利于身心健康。

此外，经过调研，浙南农村的老年人有一部分是使用煤球炉烧火和煤气罐的，这样的方式已经不符合现代社会的要求，能源的清洁直接关系到老年人的身体健康。使用煤球炉会产生大量的一氧化碳、二氧化硫及致癌物等，而使用煤气罐由于更换困难也不利于老年人的生活。

（3）景观环境

浙南的传统乡土建筑形态多样、色彩丰富，整个建筑与大自然融为一体，非常和谐，让人心动。这些建筑不仅可以供人居住，还可以构成一个个独立的景观，具有很强的观赏价值。每一个建筑单体都与背后的山水景观相协调，不禁让人感叹人与自然的和谐与美妙。在建筑的布局上，主次分明，整个建筑空间就像是从背后的环境中繁衍而来。除此之外，连门、入口、围墙等一些小的空间，

---

❶ 施德洁，黄扬飞，金星星等.浙南历史村镇类型、特色及保护研究 [J].浙江科技学院学报，2011，23（6）；482-493.

都做得非常的细致，精妙得体，强调了人工空间和周围环境的协调性 ❶。

4.3.3.2　浙南农村老年宜居软环境调研分析

（1）社会保障

温州全力做好老年人优待服务，实行老年人优待证制度。60周岁以上的老年人在办理优待证后，可以持证免费游览政府投资主办的公园、博物馆、文化馆，可以在市区的图书馆免费借阅图书。在医疗服务方面，温州全市的医院在挂号、就诊、收费等窗口都设置了"老年人优先"的标志，并对70周岁以上的老年人实施了免收挂号费的政策。这大大地解决了老年人看病难的问题。对于贫困老人，温州市农村"五保"集中供养率达到了94%，城镇"三无"集中供养率达到了99%。市福利院按照每人每月462元的低保标准，解决"三无"老人的吃、住、行、医等问题，保障了他们的基本生活。

丽水市主要通过以下三种方式让农村的老人安享晚年。政府首先会对农村的"五保"家庭老人进行集中的供养；其次，对于具备一定家庭条件的老人，将会引导他们住进社区的福利院以及养老院等相关机构；最后，剩下的老年人留在家中生活，民政部门将会着力打造居家养老服务体系，提高居家养老的服务质量。在"老有所养"的基础网络逐渐密织后，丽水市便将养老服务的多元化以及较高的服务质量作为农村养老的关键点。除此之外，政府还组织建立了一支专业的保姆团队，为农村孤寡老人、残疾老人、特困老人、高龄老人和失能老人提供生活照料、家政料理、康复护理和精神慰藉等服务，这不仅给老年人带来了福音，还在很大程度上降低了老人子女的后顾之忧。特别值得一提的是，在留守老人聚居的村庄，政府根据需求设置了各种兴趣小组，老人们可以聚在一起做自己喜欢的事情，无形中就多了一份陪伴，丰富了内心的世界。

---

❶　丁俊清 . 浙南传统乡土建筑的生态美 [J]. 规划师，2004，20（4）：66-68.

台州为了老年人的生活保障，建立健全了社会保险制度，扩大了农村社保的覆盖面。以台州市的玉环县为例，为了加强当地老年人晚年生活的保障，玉环县鼓励 60 周岁以上的老人进行参保，另一方面，对 45 ~ 59 周岁的重点可参保对象进行缴费参保。作为台州市唯一被列入全国新型农村社会养老保险的试点单位，自 2012 年 12 月开始，玉环县 3600 名老人每月都能领到 60 元的基础养老金。这不仅说明玉环县的农村养老保险工作取得了阶段性成果，而且也标志着该县的社保工作向全民社保目标又迈出了坚实的一步 ❶。

（2）人文环境

温州市位于浙江省的东南部，靠近东海。自古以来，受亚热带季风气候的影响，温州冬夏季风交替显著，温度适中，四季分明，雨水充沛，土壤肥沃，河流湖泊众多，海洋资源丰富，是典型的江南鱼米之乡，这样得天独厚的地理环境和人文环境逐渐形成了丰富多彩的、极具区域特色的耕读文化。耕读文化是中国文化的优良传统，它影响了中国农学、中国科学、中国哲学，使知识分子思想接近人民，养成务实的作风 ❷。温州的耕读文化充分反映了温州古代村落民居的文化功能和文化价值，浓厚的耕读文化气息，弥漫在温州山水之间，提升了温州的历史文化内涵，提高了温州历史文化的知名度，对乡村经济发展与社会稳定起到了不可估量的作用。

丽水人文历史悠久，据考古发现，早在 4000 多年前，丽水的先民就开始在这片土地上繁衍生息。除了原住民以外，丽水还有不同时期迁入的外来移民，他们很好地融入了丽水的生活，建立起自己的家园。同时，丽水最古老的村落民居也是这些外来居民所留下的，这为我们更深入地解读丽水的历史文化提供了珍贵的史料 ❸。

---

❶ http://www.youbian.com/news1366331830/

❷ 邹德秀. 中国的耕读文化 [J]. 华夏文化，1996，4.

❸ 孙瑾. 丽水古村落移民情况以及对当地产生的影响 [J]. 兰台世界旬刊，2012，36：19-20.

台州将其深厚的传统文化与改革开放的时代精神相融合，形成了台州独有的人文精神。而台州主要以丘陵以及滨海地区为主，特殊的自然环境，便使台州人民有了靠山吃山、靠海吃海的生存方式。久而久之，也就逐渐形成了敢于冒险、敢于闯荡、开拓进取的精神。

（3）法律制度

温州切实把老年事业纳入国民经济和社会发展计划，并认真制订实施了《温州市老龄事业发展"十一五"规划》，这项规划的实施，取得了明显成效，所有提出的预期目标和任务都已经很好地完成。根据《城乡居民养老保险实施办法》，从2010年1月起，温州市对符合条件的60周岁以上老年人按月发放基础养老金。在医疗保险方面，积极扩大了医疗保险的覆盖面，逐步提高了老年人的医疗保障水平。同时，还将老年人的体育设施建设、老年体育组织建设等纳入《温州市体育事业"十一五规划"》，大大促进了老年体育事业的发展。除此以外，市政府又相继出台了优待老年人规定、养老服务业体系建设、为老年人办实事、市区城镇老年居民养老保障、市区城乡居民社会养老保险和加强老年电大教育等一系列政策文件，为老龄事业发展提供了强有力的政策支持。

丽水市出台了《关于加快发展养老服务业的实施意见》《关于发展民办养老服务产业的实施意见》《关于加强养老服务人才队伍建设的意见》三个新政策。新的政策对丽水市的养老服务产业做出了规划性的指导，并对农村养老、农村医疗服务、养老服务人才的培养做出了明确的规定。在2015～2017年间，市财政将会投入2100万元，用于养老体系的建设。2015年，实现了2/3的农村地区居家养老服务中心机构的全覆盖，计划到2017年，全部实现农村居家养老服务中心的全覆盖。到2020年，力争全面建成以居家为基础，社区为依托的功能完善、布局合理的具有丽水农村特色的居家养老服务体系，让更多的留守老人享受到居家养老机构带来的生活的便利。

台州市出台了《台州市区城乡居民社会养老保险实施办法》(台政发〔2009〕60号)文件,台州市对已经参加了原农村社会养老保险、已经年满60周岁并且已经领取过原农村社会养老保险的人员,可以在继续领取原农村养老保险金的同时,享受城乡居民社会养老保险基础金的待遇,也就是说,一位老人可以同时领取两份保险金。这在很大程度上提高了老年人的收入,改善了老年人的生活,提高了老年人的幸福指数。

(4)老年参与

老年人是一个特殊的群体,他们有着多年积累起来的丰富知识和经验,力所能及地继续工作,不仅对社会有所贡献,同时也可以增加老年时期的经济收入,充实老年生活,这是一件于人于社会都有益的事情。但是,中国人口众多、劳动力资源丰富的基本国情,使老年人就业面临着许多实际的困难。

老年人就业与年轻人就业存在矛盾,中国年轻人是一个庞大的就业群体,每年全国有200多万大学毕业生和1000万农村新增青壮年劳动力需要就业,这么一个数量庞大的年轻人群体在就业岗位有限的情况下,势必面临着严峻的就业压力,从而给就业市场也带来很大的压力,因此有人认为,老年人既然退休了,就应该休息,不应该再来工作,本来现在就业机会就有限,老年人继续工作,就是与年轻人“抢饭碗”,就会导致更多的年轻人失业,这种观点虽然有失偏颇,但是年轻人的就业压力确实是老年人就业政策实施的一个制约因素。

(5)家庭和睦

老年人在家庭中的主导地位,决定了老年人在构建和谐家庭中的主导作用。老年人可以运用协调、交流以及自身的模范行为去影响、感染家庭成员,共同构建和谐家庭。保持家庭和谐氛围的途径,主要有以下几方面:

老年人首先要处理好老夫妻间的关系。老夫妻在客观上虽然存在着很多文化、教育以及心理、行为等方面的差异，但是他们一起生活了几十年，同甘共苦、相濡以沫，从爱情到亲情，这种一步一步建立起来的感情十分珍贵。夫妻之间要互相体谅对方，学会照顾对方，凡事都要学会忍让，不要争强好胜，更不能随便乱发脾气。要建立起和谐的夫妻关系，为子女儿孙树立好的榜样。

老年人要有健康的身心，这样才能肩负起构建和谐家庭的重任。医学科学发现，人的生理年龄、心理年龄同自然年龄可以不一样，保养得好，可以低于自然年龄。一位自然年龄 70 岁的老年人，他的心理年龄可能是 50 岁，生理年龄可能是 60 岁。老人健康是儿孙之福，家庭之幸。

老年人要坚持"活到老，学到老"的原则。社会在飞速发展的过程中，会出现很多的新观念和新事物，所以老人要积极地去学习，要接受社会变革带来的新思想，努力缩小与中青年人的心理差距。如果可以的话，也要学习一些新的技能，如网络技术。这样不仅能够拓宽老年人的视野，丰富老年人的晚年生活，还能让他们更好地与自己的子孙交流，享受天伦之乐。

4.3.3.3　总结与评价

综上所述，浙南老年人宜居环境呈现出以下特点：

随着社会发展，浙南老年人口不断增多，社会负担和家庭负担也越来越大，致使社会供给和老年人需求不能达到平衡，越来越多的老年人需要得到关注。

在农村老年人生活的硬环境上，浙南生态环境虽较以前有些不如，但在居住环境上较以前有很大改善，然而与城市发展状态相比却又相差太多。农村医疗服务系统不够完善，老年人的健康状况得不到保障，需要更多的医疗机构为其提供更好的服务。

在农村老年人生活软环境上，人口众多的浙南地区，很多农村偏远地区经济较为落后，社会福利和社会保障体系不完善，远远不能满足日渐增长的老年人口的需要。国家福利机构和私人福利机构普遍存在规模小、投入经费少、发展缓慢、服务人员素质和管理能力不足等情况。

4.4 浙西农村老年人宜居环境调研分析

4.4.1 浙西的地理位置

为了方便实地调研，将浙西地区人为地划分成了两个区域，分别是金华和衢州。对浙西农村老年人宜居环境的调研，将主要对这两个地方进行比较类推。

（1）衢州

衢州位于浙江省西部,钱塘江上游,金（华）衢（州）盆地西端，南接福建南平，西连江西上饶，北邻安徽黄山，东与省内金华、丽水、杭州三市相交。"居浙右之上游，控鄱阳之肘腋，制闽越之喉吭，通宣歙之声势"。川陆所会，四省通衢。衢州是闽浙赣皖四省边际中心城市，海西经济区中心城市。2006年入选中国特色魅力城市200强，是国家十大特色休闲城市之一，是首个"国家休闲区"，是一座望得见山、看得见水、记得住乡愁的幸福之城、休闲之都。

（2）金华

金华市位于浙江省中部，为省辖地级市，浙江省中西部中心城市。东邻台州，西连衢州，南毗丽水，北接绍兴、杭州。金华的气候属亚热带季风气候，四季分明。2010年第六次人口普查全市总人口536.16万人，其中市区107.73万人，有少数民族36个，其中人口最多的少数民族为畲族。地形以丘陵和盆地为主，森林覆盖率达60%。市区位于东阳江、武义江和金华江交汇处，面积2044.68km²，金华是浙江的一个省辖市，是浙江省唯一一个既不沿海，又不与外省相邻的辖市。金华已连续三届被评为"中国十佳宜居城市"，并获得了国家级历史文化名城等称号。联合国人居署又给市区康居工程建设颁发了

"HBA·中国范例贡献优秀奖"和"中国人居环境范例奖"。

4.4.2 浙西老年人口比例

（1）衢州老年人口比例

第六次人口普查显示，衢州市65岁以上的老年人为25.42万人，占总人口的比例为11.9%。同第五次人口普查相比，增长了2.18个百分比。浙江省2010年65岁以上的老年人口比重为9.34%，衢州市老年人口比重高出浙江省老年人口比重2.56个百分点。至2011年，衢州市有老年人40万左右，约占全市总人口的18%，人口老龄化程度已成为全省最高。近10年来，衢州市老年人口每年以约4%的速度递增。

（2）金华老年人口比例

第六次人口普查显示，金华市人口中有72.41万人在60周岁以上，在常住人口中占比为13.51%，相比2000年（第五次全国人口普查）提升了1.21%，其中48.81万人为65周岁及以上老年人口，在常住人口中占比达到了9.10%，较2000年提升0.29%。全市相较全国、全省65周岁及以上老年人口所占比重明显偏高，老年人口比重高出全国0.23%，高出全省0.87%。

金华市有60周岁及以上老年常住人口的家庭户有52.17万户，占全市常住人口家庭户245.78万户的21.2%，其中，在有老人的常住家庭户中，"空巢"老人家庭户为24.93万户，占全市家庭户的10.1%，占有老年人口家庭户的47.8%。在"空巢"老人家庭户中，单身老人独居的12.82万户，只有两个老人居住的12.11万户，分别占"空巢"老人家庭户的51.4%和48.5%。2010年金华市老年人口中，城镇有30.11万人，占41.6%；农村有42.3万人，占58.4%。城市与农村相差16.8个百分点。其中80岁以上高龄人口中，城镇占38.6%，比农村的61.4%低了22.8个百分点，老龄化城乡倒置明显。

金华市各分区年龄人口及比重如表4-9所示。

金华市分地区年龄段人口及比重　　　　　表4-9

地区	合计	0～14周岁（人）	60周岁及以上（人）	65周岁及以上（人）	0～14周岁少儿比重（%）	60周岁以上人口比重（%）	65周岁以上人口比重（%）	老少比（%）
总计	5361572	762941	724138	488119	14.2%	13.5%	9.1%	64.0%
婺城区	761662	101160	97464	64255	13.3%	12.8%	8.4%	63.5%
金东区	315583	41173	49406	32849	13.1%	15.7%	10.4%	79.8%
武义县	349899	48461	52756	36608	13.9%	15.1%	10.5%	75.5%
浦江县	437346	67497	57986	38822	15.3%	13.3%	8.9%	57.5%
磐安县	174665	29409	31259	21737	16.8%	17.9%	12.4%	73.9%
兰溪市	560514	81856	105518	70325	14.6%	18.8%	12.5%	85.9%
义乌市	1234015	158765	114642	75480	12.9%	9.3%	6.1%	47.5%
东阳市	804398	118492	129948	90207	14.9%	16.2%	11.2%	76.1%
永康市	723490	116128	85159	57836	16.05%	11.8%	8.0%	49.8%[1]

资料来源：http://www.jinhua.gov.cn/art/2012/12/11/art_3098_177701.html

4.4.3　浙西农村老年宜居环境调研分析

4.4.3.1　浙西农村老年宜居硬环境调研分析

（1）村落布局

"择水而居、逐水而行"历来是江南人的生存准则。但在浙西，用"九山半水半分田"来形容再合适不过了。浙西的农村大多数是依山而立，村落布局分散，建筑布局自由，其中畲族民居就是其典型代表。

明清时期，畲族逐渐形成定居状态，草棚被草寮替代，这种茅寮称"千柱落脚"或称"千枝落地"，茅寮四面通风，一般占地约20m^2，高约3m，呈"介"字形或"人"字形，多用竹、木架料缚成框格型，外面覆盖用茅草编制的草匾。其空间格局大多没有隔间，房屋前后开门，建筑不开窗，不造烟囱。"人"字形茅寮仅在寮中央竖起一排树杈，大概 3 至 5 根，树杈之上架着横杆，横杆两边又斜靠木条若干，扎上一些横条（竹片），并覆盖茅草。这些茅寮大多结构低矮，阳光照射不足，地面为泥土材质，十分潮湿。之后又出现"泥寮""瓦寮""砖寮"等新形式。1949 年后，畲族住宅以土木结构为主，住房的建筑和使用格局有所改善。1978 年后，随着畲村物质生活条件的不断改善，出现砖木结构、钢筋混凝土结构的新式住宅。1978 ~ 2010 年，据对全区 141 个畲族村的调查，新建住宅 1036 幢，建筑面积 15.85 万 m^2，大多为砖木、钢混结构的新式住宅。

（2）基础设施

浙西地区由于经济、地形等多因素的影响，存在用地浪费，公共服务设施配置难、效果差，设施普遍缺乏等情况。主要表现为配套服务设施严重不足，配套标准低，公共卫生防疫设施不完善，老年人的基础配套设施更是如此。统计数据表明，如今老年人的生活服务要求未能得到满足的达到 56.9%，而全部能得到满足的仅仅占了 11.3%。老年人退休后，上班工作时间大大缩短，而生活空暇时间明显增长，平时的生活时间得不到充分利用。老年人周边的公共设施不仅针对人群有限，而且这些公共设施的使用及操作很多是不适合老年人活动的。文化、娱乐设施的不足，给他们的日常生活减少了许多乐趣。

（3）生态环境

在生态环境方面，浙西地区地处山区，森林植被覆盖率高，但是近几年经济的发展导致生态环境逐步恶化，不过"千村示范，万村整治"政策出台后，近几年森林积蓄量下降趋势已得到初步遏制。以衢州市为例，森林覆盖率达到 71%，为长三角生态状况最好的地区。浙西地区农村因为远离城市和重工业区，没有出现严重的雾霾污染，空气质量 PM2.5 平均浓度 57 μg/m³。水资源方面因靠近钱塘江，水资源充沛，而且因大力实施水体净化工程，保证了水质的优良。

（4）居住环境

对于老年人来说，居住环境应采光充分、气候适宜。浙西地区属于亚热带季风气候，冬冷夏热，全年光照充足，夏季雨量充沛，地表径流和泉水丰富，分布广且温度低，适宜老年人居住。不仅如此，浙西地区的村容村貌整治工作也取得了较好的成效。以金华市为例，该市金东区曹宅镇率全省之先完成了"整镇整治"，婺城区寺坪村则"修旧如旧"，善本堂、银娘堂等明清时期的古宅保护很好。所辖义乌市主要采取"全貌整治"的方式，2003 年以来，该市将财政总支出的 1/3 以上用于新农村建设，全市 81 个村进行旧村改造，拆除旧村面积 46 万 m^2，建新房 42 万 m^2，新增道路面积 3 万 m^2，新增绿化面积 126 万多 m^2。相对于目前国内农村建设进度，已处于领先位置❶。

（5）医疗环境

根据我们的调研，在浙西，60 周岁及以上老年常住人口中，身体健康的、基本健康的、不健康但生活能自理的以及生活不能自理的，分别占老年常住人口总数的 47.3%、39.0 %、11.0% 和 2.7 %，其中身体健康和基本健康的合计占 86.3 %，身体不健康的合计占 13.7%。庞大的老年人群给人口众多的浙西地区的医疗服务系统带来了巨大的挑战。在浙西的大多数农村，没有正规医院，只有小型卫生所。这些小型卫生所一般只能医治感冒、发烧、轻微皮外伤等小病。相对于老年人面临的肿瘤、心脑血管病、糖尿病、老年精神障碍等慢性病，其医疗环境是不足以支撑大型手术和提供足够药物的，老年人只能到县里或是市里的医院去看病买药。而且由于农村医疗保险制度还不是十分完善，"看病难、看病贵"在大多数浙西农村地区还是十分严峻的问题。

---

❶　吴永兴 . 常德市社会主义新农村建设领导小组办公室，2007，7，9.

4.4.3.2 浙西农村老年宜居软环境分析

（1）人文氛围

浙西在地理上的概念是衢州市所辖范围及周边县市的一些地方，这里自古是人文重地，这样的一片土地在漫长的历史时光里，必然会有非同一般的文化气息，周围潜行着的习俗和那些残留着的建筑、器物、传奇、人物等，始终潜移默化地影响着这方水土的人们。衢州市的宗祀祠堂文化为典型代表。

（2）社会保障

在生活来源上，浙西大部分农村老年人并没有退休金养老金拿，基本以自己的劳动收入作为生活来源。并且随着青壮年人口大量流入外地，导致农村老年人不但要养活自己，还要养活自己的孙子孙女。农村家庭养老功能严重弱化，而养老保险、低保、新型合作医疗等制度建设与城镇相比仍有很大的差距。

（3）服务体系

由于经济发展状况以及老年人自身的经济条件等原因，浙西地区对老年人的服务方式很有限。老年人通常只能自娱自乐，主要只有看电视和广场舞两种娱乐方式。

4.4.3.3 总结与评述

综上所述，浙西老年人宜居环境呈现出以下特点。

（1）随着社会的发展，浙西老年人口越来越多，社会负担也越来越大，导致社会供给和老年人的需求不能达到平衡，社会和政府亟须对日益增长的老年人口给予更多的关注。

（2）浙西地区的地理环境使当地旅游业较为发达，当地的旅游服务设施较为完善，景区外老年人的生活条件良好，但生活在偏远山区的老年人们则享受不到，生活较为艰苦。

（3）由于日益增长的经济发展速度导致空巢老人越来越多，老年人的生活条件虽然较过去有普遍改善，但是心理方面期望得到更多的人文关怀。

（4）在农村老年人生活的硬环境上，生态环境虽较以前有些不如，但在居住环境上较以前有较大改善，不过与城市环境相比却又相差太多。且浙西农村医疗服务系统不够完善，老年人的健康状况得不到保障。

（5）在农村老年人生活软环境上，人口众多的浙西地区，大部分地区还未开发，经济欠发达，社会福利和社会保障体系不完善，远远不能满足日渐增长的老年人口的需要。国家福利机构和私人福利机构普遍存在规模小、投入少、发展缓慢、服务人员素质和管理能力不足等情况。

5 浙江农村老年宜居环境构成系统与评价指标体系构建

5.1 浙江农村老年宜居环境构成系统分析

综合前文的分析，本书以宜居城市、农村宜居性、老龄化和老年社区等研究为基础，通过对宜居城市、农村宜居性、老龄化和老年社区的梳理与分析，结合问卷调查和实地调研进行综合研究。对宜居城市的构成综合来讲有三种视角：一是基于城市实体组成的视角，二是基于居民主观感受的心理视角，三是前两者结合的视角。当前，世界和相关机构提出的宜居城市的构成系统均未超出这三种类型。基于此，笔者认为浙江农村老年宜居环境的构成也是由这三种构成：一是农村实体组成的视角（美丽乡村实体客观建设）；二是农村老人主观感受的心理视角（老年主观感受）；三是前两者结合的视角（农村主客观的统一）。我们按此三种类型分别进行分析、讨论浙江农村老年宜居环境合理的构成系统。

5.1.1 基于浙江农村实体组成的农村老年宜居构成系统

基于浙江农村实体组成的农村老年宜居构成系统是从浙江农村组成结构的角度出发，以分解的方法来讨论的。它从农村社会、经济、物质的"实体"结构组成来看待农村老年宜居应该具备的要素构成。由于宜居农村是建构在宜居城市的基础上的，因此，必须对从宜居城市相关实体评价到宜居农村实体评价进行梳理。目前对基于城市实体组成的宜居城市构成系统主要有联合国人居环境署和住房城乡建设部《中国人居环境奖评价指标体系》评价系统、英国经济学家智囊团的对世界城市"最佳居住地"评价体系；对于农村实体组成的宜居农村构成系统主要有我国国家标准《美丽乡村建设指南》GB 32000-2015、日本"一村一品"等。

（1）联合国人居奖的评价系统

1989 年，联合国人居署（原联合国人居中心）开始创立"联合国人居奖"，目的就是使国际社会和各国政府对人类住区的发展和人居领域的各种问题给予充分的重视，并鼓励和表彰世界各国为人类住区发展作出了杰出贡献的政府、组织、个人和项目。1996 年，联合国人居中心在伊斯坦布尔召开联合国第二届人类住区大会，大会通过的《人居议程》明确提出了"适宜居住的人类住区"，并对"宜居性"作了说明，"宜居性是指空间、社会和环境的特点与质量"。大会同时讨论了两大主题——"人人有适当住房"和"城市化世界中的可持续人类住区发展"，提出了纲领性文件《宜居性议程：目标和原则、承诺和全球行动计划》，并要求"在全世界上建设健康、安全、公正和可持续发展的城市、乡镇和农村"[1]。联合国人居环境奖的内容可涉及人类住区的各个方面，如住房、基础设施、旧城改造、可持续人类住居发展、灾后重建、住房解困等（表 5-1）。

联合国人居环境奖评价系统构成　　　　　　表 5-1

联合国人居奖评价内容	联合国人居奖评价内容英语表达
住房	Housing
基础设施	Infrastructure
旧城改造	Transformation of the city
可持续人类住居发展	Sustainable human settlements development
灾后重建	Reconstruction
住房解困	Housing difficulties

资料来源：联合国人居环境署北京信息办公室网站，https://www.cin.gov.cn/habitat

---

[1] 李王鸣，叶信岳，祁巍锋 . 中外宜居性理论与实践发展述评 [J]. 浙江大学学报，2000，27（2）：205-211.

（2）中国人居环境奖评价系统

"中国人居环境奖"是建设部于 2000 年设立的全国人居环境建设领域的最高荣誉奖项。目的是为了表彰在城乡建设和管理中坚持以人为本、全面协调可持续的科学发展观，树立正确的政绩观，不断加强城乡基础设施和生态环境建设，切实改善人居环境，努力构建资源节约、环境友好的社会主义和谐社会，为实现全面建设小康社会作出突出贡献的城市，以鼓励和推动城市高度重视人居环境的改造与建设，在环保、生态、大气、水质、绿化、交通多方面为居民提供良好的生活工作环境，以适应城市居民由小康向更高层面迈进的需要，并提升城市乃至国家的现代形象。2006 年，为全面落实科学发展观，构建社会主义和谐社会，进一步规范"中国人居环境奖"的申报和评选工作，建设部对《中国人居环境奖申报和评选办法》进行了修订。2016 年，住房城乡建设部公布了新版《中国人居环境奖评价指标体系》和《中国人居环境范例奖评选主题及申报材料编制导则》。新版评价指标体系包括基本指标体系、城市实践案例和基本条件三部分内容。基本指标体系由居住环境、生态环境、社会和谐、公共安全、经济发展和资源节约六大类 65 项指标及 1 项综合否定项组成（表 5-2）。其中明确，对近两年内发生重大安全、污染、破坏生态环境、违法建设等事故，造成重大负面影响的城市，实行一票否决。

基本指标体系 表 5-2

一级指标	二级指标	三级指标	指标标准
A. 居住环境	A1 住房与社区	常住人口住房保障	制定完善的常住人口住房保障政策且已贯彻实施
		保障性安居工程目标任务完成率（%）	连续 3 年 ≥ 100%
		棚户区、城中村、老旧小区改造	建成区内基本完成现有棚户区、城中村和危房改造。有序推进老旧小区环境综合整治，居民得到妥善安置，实施专业化物业管理

续表

一级指标	二级指标	三级指标	指标标准	
A. 居住环境	A1 住房与社区	住宅街区化	城市新建住宅小区的街区规模适度，没有超大型封闭式小区。旧城改造中结合路网加密逐步推广住宅的街区化规划建设，并实现有效的物业管理	
		社区便捷生活服务圈建设	社区教育、医疗、体育、文化、便民服务等各类设施配套齐全，在 15 分钟步行距离内形成便捷的生活服务圈	
	A2 市政基础设施	城市公共供水普及率（%）	≥ 95%	
		城市供水水质	卫生防疫部门依据《生活饮用水卫生标准》GB5479-2006 检测，符合标准	
		城市供水管网漏损率	供水漏损率符合《城市供水管网漏损控制及评定标准》CJJ92-2002	
		城市燃气普及率（%）	≥ 98%	
		城市污水处理	城市建成区污水实现全收集、全处理，污水收集管网配套完善，城市污水处理率 ≥ 95%	
			地级及以上城市污泥无害化处理处置率 ≥ 90%，其他城市 ≥ 70%	
		城市排水	推行雨污分流排水体制，排水防涝达到《室外排水设计规范》GB50014-2006 规定标准要求，实现小雨不积水，大雨不内涝	
		海绵城市建设	编制完成科学、可实施的海绵城市专项规划，且建成区内有一定片区（独立汇水区）达到海绵城市建设要求	
		城市市容环境	城市生活垃圾无害化处理率达到 100%	
			公厕拥有量 ≥ 3.5 座 /km^2	
			生活垃圾回收利用率 ≥ 35%	
		城市宽带建设	市区固定宽带家庭普及率不低于 65%；3G/LTE 用户普及率不低于 70%，城市家庭 20Mbps 及以上宽带接入能力达到 100%	
	A3 交通出行	平均通勤时间	中小城市 ≤ 30min	大城市 ≤ 40min

续表

一级指标	二级指标	三级指标	指标标准		
A.居住环境	A3 交通出行	公共交通出行分担率（%）	超、特大城市	大城市	中小城市
			≥ 40%	≥ 30%	≥ 20%
		步行、自行车交通系统建设	制订专项规划，并经批准实施，建成较为完善的步行、自行车系统；步行和自行车出行分担率 ≥ 40%		
		城市路网密度	建成区平均路网密度 ≥ 8km / km^2		
			建成区道路面积率 ≥ 15%		
		城市停车	完成停车设施普查和专项规划，实施停车计时收费，严格违法停车执法，停车供需平衡，秩序良好，路内和居住区无大量违法停车现象		
	A4 公共服务	九年义务教育学校布局合理	分布均匀，小学服务半径不超过 500m，初中服务半径不超过 1000m		
		校园安全	幼儿园、中小学校舍、校园符合安全要求，校园周边治安环境良好，设置完善的警示、限速、禁止鸣笛等交通标志；校园周边无台球、电子游戏机营业点、网吧，无集贸市场、摊点等		
		人均拥有公共文化体育设施用地面积（m^2）	人均拥有的公益性文化设施面积 ≥ 0.8m^2		
			人均拥有公共体育设施用地面积 ≥ 0.6m^2		
		万人拥有卫生服务中心（站）数量（个）	≥ 0.3		
		万人拥有医院床位数（张）	≥ 40		
		万人拥有公共图书馆图书数量（册）	≥ 16000		
B.生态环境	B1 城市生态	生态环境保护和修复	建成区自然地貌、植被、水系、湿地等生态敏感区域得到有效保护。制定并实施长效生态保护与修复工作计划，修复城市中被破坏的山体、河流、植被，修复和再利用城市废弃地，优化城市绿地系统等生态空间布局，生态修复效果显著		

续表

一级指标	二级指标	三级指标	指标标准
B. 生态环境	B1 城市生态	城市生物多样性	制定《城市生物多样性保护规划》和实施措施，并完成不小于市域范围的生物物种资源普查
	B2 城市绿化	建成区绿化覆盖率(%)	≥ 40%
		建成区绿地率(%)	≥ 35%
		人均公园绿地面积(m²)	≥ 12
		公园绿地服务半径覆盖率（%）	≥ 90%
		林荫路推广率（%）	≥ 70%
	B3 环境质量	城市空气质量(%)	AQI ≤ 100 的天数占全年天数比例 ≥ 80%。可吸入颗粒物浓度低于本地区平均水平 10%（京津冀、长三角、珠三角等区域细颗粒物 PM2.5 浓度显著下降，符合《大气污染防治行动计划》的要求，城市空气质量明显好转）
		城市地表水环境质量(%)	达标率 100%，建成区内无黑臭水体；集中式饮用水水源地的一级保护区达到《地表水环境质量标准》（GB3838-2002）基本项目（Ⅱ类标准）及补充项目、特定项目的要求
		城市区域噪声平均值(db)	≤ 60db
C. 社会和谐	C1 社会保障	社会保险基金征缴率(%)	≥ 90%
		城市最低生活保障	最低生活保障标准高于本省同类城市平均水平
	C2 老龄事业	养老服务体系建设	建立完善的养老服务体系，制定完善的配套政策和阶段性目标任务并得到有效实施。老年人服务设施按标准建设。市区百名老人拥有社会福利床位数 ≥ 3 张
	C3 残疾人事业	残疾人服务和保障体系	建立完善的残疾人服务和保障体系，并得到有效实施。残疾人生活水平达到基本标准
		无障碍设施建设	主要道路、公园、公共建筑等公共场所设有无障碍设施及通信、信息交流等软环境设施，管理、使用情况良好

一级指标	二级指标	三级指标	指标标准
C. 社会和谐	C4 外来人口市民化	外来人口市民化政策	制定完善的外来人口市民化政策并得到有效实施。外来人口基本公共服务保障体系完善。建立完善的农业转移人口社会参与机制，符合条件的外来务工人员及其子女纳入居住地基本公共服务保障范围
	C5 公众参与	公众参与规划建设和管理	建立完善的规划、设计、建设、管理等公众参与制度，得到有效实施。建立公众参与的信息化平台
	C6 历史文化与城市特色	历史文化遗产保存完好	编制相关保护规划，历史文化街区和历史建筑有效划定，城市历史文化遗产和历史街区得到有效保护
		城市风貌特色	景观风貌或城市设计专项规划经过审批，实施效果良好。自然人文景观具有鲜明特色，城市的标志、节点、示意性要素清晰可辨。新建建筑富有地域、民族和时代特色。重点地区城市设计纳入常态化管理。旧城实施有机更新，环境质量较高
D. 公共安全	D1 城市管理与市政基础设施安全	数字化城市管理与市政基础设施安全运行	数字化城市管理系统建成并运行 1 年以上，结案率 ≥ 90%，城市管理高效有序
			建立城市桥梁、危险品储运等信息管理系统，形成清晰有效的档案管理，使城市重要市政基础设施处于受控状态
		城市地下管线综合管理和地下综合管廊建设	完成城市建成区范围内的地下管线普查，建立城市统一的地下管线综合管理信息系统，并实现与各专业管线信息系统的互建互联、信息共享、动态更新。编制地下综合管廊专项规划，新区同步建设地下综合管廊，老城区逐步推进地下综合管廊建设
	D2 社会安全	道路事故死亡率（人/万台车）	≤ 10 人/万台车
		刑事案件发案率（%）	≤ 5%

续表

一级指标	二级指标	三级指标	指标标准		
D. 公共安全	D3 预防灾害	城市人均固定避难场所面积	完成城市抗震防灾专项规划和防灾避难场所布局规划的编制、审批并实施；全面建成远近结合、设施配套、覆盖城区的防灾避难场所体系；建成区人均已建成的固定和中心避难场所有效避难面积 $\geqslant 2m^2$，至少建成 1 处中心避难场所		
		城市公共消防基础设施完好率（%）	100%		
		城市防洪	城市防洪设施达到国家规定的设防标准。城市重点地区、交通枢纽地区、地下公共空间等配备完善的防汛设施并有效维护		
	D4 城市应急	城市应急系统建设	建立完善的应急指挥系统，制定突发公共事件等地方应急预案，并经过实际演练		
E. 经济发展	E1 收入与消费	城市居民人均可支配收入（万元）	不低于当年全国平均水平（$\geqslant 3.1$）		
		恩格尔系数(%)	不高于当年全国平均水平（$\leqslant 32\%$）		
	E2 就业水平	城镇登记失业率(%)	不高于当年全国平均水平（$\leqslant 4.3\%$）		
F. 资源节约	F1 节约能源	单位国内生产总值（GDP）能耗（吨标准煤／万元）	$\leqslant 0.68$		
		节能建筑占既有建筑比例(%)	严寒及寒冷地区 $\geqslant 50\%$	夏热冬冷地区 $\geqslant 45\%$	夏热冬暖地区 $\geqslant 40\%$
		北方采暖地区住宅供热计量	新建住宅和经计量改造的既有住宅分户实施按用热量计价收费		
		可再生能源消费比重（%）	$\geqslant 13\%$		
	F2 节约水资源	万元生产总值用水量（m^3／万元）	$\leqslant 100$		
		城市污水再生利用率（%）	缺水城市污水再生利用率 $\geqslant 20\%$，其他城市 $\geqslant 10\%$		
		工业用水重复利用率（%）	$\geqslant 90\%$		

续表

一级指标	二级指标	三级指标	指标标准
F. 资源节约	F3 节约土地	城市人口密度（人 /km²）	≥ 10000
	F4 绿色建筑和装配式建筑	新建绿色建筑比例（%）	绿色建筑占城市新建建筑比重 ≥ 50%
			新建建筑中二星级及以上绿色建筑比例 ≥ 20%
		绿色建材使用和装配式建筑建设	绿色建材使用比例 ≥ 30 %
			出台了支持装配式建筑发展的政策、配套措施，并明确目标，装配式建筑建设取得明显进展
综合否定项		近 2 年内发生重大安全、污染、破坏生态环境、违法建设等事故，造成重大负面影响的城市，实行一票否决	

（3）英国经济学家智囊团（EIU）对世界城市"最佳居住地"评价体系

2004 年，英国经济学家智囊团提出全球城市宜居性评价体系，其评价指标系统共分为 12 个，分成 3 组分别是健康与安全（Health&Security）、文化与环境（Culture&Environment）、基础设施（Infrastructure）（表 5-3）。由于它的评价指标随着城市内容的不断发展和复杂化，其调查评价指标也在不断变化。2005 年，英国经济学家智囊团世界城市宜居性调查指标已增至 5 组，分别是社会稳定程度、健康水平、文化与环境、教育质量、基础设施。通过对调查而来的数据进行定性和定量综合分析，得出一个全面反映生活质量的指数。

英国经济学家智囊团宜居城市 2004 年度评价指标体系 ❶   表 5-3

评价内容	评价指标	指标来源
健康与安全	（1）暴力与犯罪的威胁	EIU 排名
	（2）恐怖主义与军队冲突的威胁	EIU 排名
	（3）健康与疾病的排名	EIU 排名（基于 13 项健康指数）

---

❶ 董峰，杨保军等 . 宜居城市评价与规划理论方法研究 [M]. 中国建筑工业出版社，2010：40.

评价内容	评价指标	指标来源
文化与环境	（4）文化排名	EIU 排名
	（5）娱乐排名	EIU 娱乐能力方面的排名包括夜总会、餐馆、体育活动、体育设施、剧院、影院等
	（6）气候排名	EIU 排名
	（7）消费与服务能力	EIU 排名
	（8）贪污腐败	透明度排名（EIU）
基础设施	（9）交通基础设施排名	EIU 排名
	（10）住房储备（STOCK）排名	EIU 排名
	（11）教育综合指数	EIU 排名（基于 12 项教育指标）
	（12）公共网络设施排名	EIU 排名

（4）国家标准《美丽乡村建设指南》评价系统

2010 年，国标委首次将安吉美丽乡村标准化建设列为第七批农业标准化试点项目，创新地将标准化的应用从农业、工业逐渐转向美丽乡村、社会治理等更为广阔的领域，并取得了显著成效。与此同时，浙江省在总结安吉经验的基础上，结合实际，于 2014 年 4 月发布了全国首个美丽乡村的地方标准《美丽乡村建设规范》DB 33 / T912-2014。2015 年 4 月，我国发布《美丽乡村建设指南》GB 2000-2015，并于 2015 年 6 月 1 日起正式实施。

（5）村镇宜居社区评价系统

2010 年 11 月 7 日，时任民政部部长李立国在无锡市召开的构建全国社会养老服务体系的推进会上就明确指出，目前要优先发展社会养老服务，要加快社会养老服务体系的构建，要在城市全面推进居家养老，同时要在农村开始逐步发展居家养老。2011 年我国制订并实施了《中国老龄事业发展"十二五"规划》，促进老龄事业更好发展，努力实现老有所养、老有所医、老有所教、老有所学、老有所为、老有所乐的工作目标。《国家"十二五"科学和技术发展规划》将"村镇宜居社区与小康住宅"列为现代农业科技创新重点任务，提出以村镇社区规划、社区公用设施配置、社区环境改善为核心，开展宜居社区规划、社区基层设施与公共服务设施优化配置、社区水质安全及循环利用、社区环境整治等技术集成问题研究的具体要求。孙金颖、焦燕、王岩等学者从村镇宜居社区的经济持续度、环境友好度、资源节约度、生活便利度、社会和谐度等进行论述，评价村镇宜居社区评价指标体系（表 5-4）。

我国村镇宜居社区评价指标体系框架表 ❶

表 5-4

序号	一级指标	二级指标	三级指标
1	经济持续度	地方财政可持续收入	生态环境改善领域投资
2			基础设施投资
3			户均农宅条件改善投资
4		经济结构自给性	农村居民家庭平均每人纯收入
5			当地就业比例
6		居民消费水平	恩格尔系数
7			人均住房建筑面积
8		居民生活保障	享受低保的人口比例
9			新型农村合作医疗参保率
10			新型农村社会养老保险参保率
11	环境友好度	社区生态环境（含景观）	当地饮用水水质达标率
12			农田灌溉用水的水质
13			社区全年空气质量达到二级标准的天数
14			居住区环境噪声
15			土壤富有肥力
16			村庄绿化率
17		社区人文环境	村落规划布局合理性
18			建筑设计体现地方特色文化

❶ 孙金颖，焦燕，王岩 . 村镇宜居社区评价指标体系框架研究 [J]. 建筑经济，2015，12：107-110.

续表

序号	一级指标	二级指标	三级指标
19	环境友好度	社区人文环境	文物、古民居保护措施
20			当地特色文化活动
21		社区卫生环境	垃圾分类收集率
22			垃圾集中收集率
23	资源节约度	土地	住宅层数
24			集中规划布局
25			住宅规划建设形式
26		能源节约率、水资源节约率	生物质能利用率
27			太阳能利用率
28			雨水收集利用
29			节水灌溉
30		材料节约	采用本地材料
31			可再生材料利用
32			废旧材料利用
33	生活便利度	生活质量	社区小康住宅达标率
34		社区市政设施普及率	社区燃气使用率
35			社区入户三网普及率
36			供水保障率
37			供电保障率
38			是否有公厕设施
39			移动通信信号是否覆盖
40			是否有夜间照明
41			是否有邮寄快递
42		社区商业服务设施	是否有生活用品商店
43			是否有定期的集市
44			是否有社区农村信用合作社
45		社区教育文化体育服务设施	是否有教育机构
46			是否有体育设施
47			是否有文化活动站

序号	一级指标	二级指标	三级指标
48	生活便利度	社区医疗服务设施	是否有卫生院
49			是否有托老所、养老院、居家养老服务等养老服务
50		社区交通服务设施	1000m 范围内有相应的公共交通设施
51	社会和谐度	社区管理与服务	社区经济账目、重大事宜等能及时公开
52			社区是否有门户网站
53			社区是否有管理制度
54			社区选举机制是否透明
55		社区公共安全体系	社区预防、应对自然突发性公共事件的措施
56			社区预防、应对社会突发性公共事件的措施
57	加分项		生态修复
58			垃圾就地处理率
59			畜禽废物集中处理率
60			其他可再生能源利用率
61			就地化污水处理设施普及率

5.1.2 基于农村居民满意度的宜居农村构成系统

基于农村居民满意度的宜居农村构成系统，是通过专家学者对农村居民尤其是老年人居住心理需求调查得出的宜居构成系统。它以农村居民（老年人）的心理需求为出发点，强调农村居民（老年人）的主观心理感受，是从居住者的满意度进行评价打分的。由于国内对农村老年宜居环境的研究较少，目前具有影响力的基于城市居民满意度的研究是张文忠研究员提出的宜居北京评价指标构成系统。谭子粉在农村社区宜居性中以农村居民满意度构建评价指标构成系统。

（1）张文忠研究员提出的宜居北京评价指标构成系统

1961 年，世界卫生组织总结了满足人类基本生活要求的条件，提出了居住环境的基本理念，即安全性、健康性、便利性、舒适性。按照地域经济特征分城市宜居性和乡村宜居性，对城市宜居性和乡村宜居性的研究为农村老年宜居评价指标体系的研究奠定了基础。张文忠认为，居住环境是指围绕居住和生活空间的各种环境的总和，狭义指居住的实体环境，广义则包括社会、经济和文化等总和环境。他认为对居住环境的评价至少要包括两大部分的评价内容，一是对居住环境的客观实体的评价，通过建立居住环境的评价指标体系，定量评价居住环境的优劣程度；二是对居住环境的主观认识的评价❶。客观性指标为安全性、健康性、方便性、舒适性，主观性指标增加了满意度的描述（表 5-5）。

宜居城市评价指标体系 ❷　　　　　表 5-5

客观性评价指标		主观性评价指标	
安全性	自然灾害发生率	安全性满意度	治安状况
	意外伤害发生率		
	犯罪率		交通安全状况
	交通事故率		
	到最近的紧急避难场所的距离		各种灾害的宣传和管理状况
	到最近的消防设施的距离		紧急避难场所状况
健康性	大气污染指数	健康性满意度	汽车尾气排放产生的污染
			扬尘、工业等其他空气污染状况
	垃圾处理率		雨污水排放和水污染状况
	噪声的分贝		道路和工程噪声状况
			商店和学校等的生活噪声
	饮用水的标准		垃圾堆砌的污染

❶　张文忠 . 城市内部居住环境的指标体系和方法 [J]. 地理科学，2007，279（1）：17-23.
❷　张文忠 . 中国宜居城市研究报告 [M]. 北京：社会科学文献出版社，2006.

续表

客观性评价指标		主观性评价指标	
方便性	教育设施的数量和等级	方便性满意度	教育设施状况
	医疗设施的数量和等级		医疗设施状况
	商业设施的数量和等级		日常购物设施状况
	娱乐设施的数量和等级		非日常购物设施状况
	到主要公共服务设施的距离		儿童游乐设施状况
			餐饮设施状况
	儿童游乐场的数量和等级		休闲娱乐设施状况
便捷性	交通设施的数量和等级	出行性满意度	公交设施的利用
	交通线路的数量和等级		日常生活的出行
	距最近的地铁站的距离		到市中心的便利程度
			通勤的便利程度
	距市中心的距离		交通通畅与拥堵状况
舒适性	公园、绿地的数量和规模	舒适性满意度	公园绿地状况
	绿化率		绿化状况
	公用空地的数量和规模		建筑景观的美感
	建筑的密度和高度		清洁状况
	各种文化场馆的数量和规模		公用空地状况
			空间开放性
	文明家庭的数量		建筑物密度
			邻里关系状况
	街区的历史年代		文化、社区氛围、街区特色

（2）谭子粉提出的华北平原地区农村社区宜居性评价指标构成系统

目前，对农村宜居性的研究远少于对城市宜居性的关注。中国大多数人口居住在农村，尤其是农村老年人比城市老年人还要多，因此，对农村老年宜居环境的研究不应该被忽视，农村的社区宜居性需要从经济发展角度分析，更需要从社会学的角度进行思考。谭子粉从农村建设水平和主观村民满意度两个方面构建宜居性评价的指标体系。考察村民对宜居社区建设指标的看法。该研究采用公众评定法确定评价指标权重，满意度评价体系包括4个一级评价指标和26个二级评价指标，利用问卷收集主观评价数据，并对指标进行量化，从而对各个指标进行综合评价（表5-6、表5-7）。

华北平原地区农村社区宜居性评价指标体系——建设水平评价指标　　表 5-6

建设水平评价指标	
居住条件（Ⅰ）	人均居住面积（X_1）
	建筑间隔（X_2）
	院落结构等级（X_3）
	房屋建筑质量等级（X_4）
	建筑样式等级（X_5）
	隔声状况等级（X_6）
	保温隔热配置率（X_7）
服务设施构成（Ⅱ）	社区道路硬化率（X_8）
	自来水普及率（X_9）
	有线电视普及率（X_{10}）
	卫生所数量（X_{11}）
	就近入学率（X_{12}）
	商业网点数量（X_{13}）
	供电系统稳定性高低（X_{14}）
	治安状况（X_{15}）
生态安全（Ⅲ）	生活垃圾处理率（X_{16}）
	污水管道铺设率（X_{17}）
	道路整洁等级（X_{18}）
	绿化状况等级（X_{19}）
	空气质量等级（X_{20}）
	易燃易爆（X_{21}）
人文环境（Ⅳ）	邻里和睦（X_{22}）
	互联网入户率（X_{23}）

续表

建设水平评价指标	
人文环境（Ⅳ）	文化娱乐设施数量（X_{24}）
	自家有洗澡条件的户数比率（X_{26}）
	心理归属（X_{27}）

资料来源：谭子粉. 华北平原地区农村社区宜居性评价研究——以山东临沂市新桥镇为例 [D]. 湖南师范大学，2011.

华北平原地区农村社区宜居性评价指标体系——满意度评价指标　表 5-7

满意度评价指标	
居住条件（1）	村中房屋总体状况
	房屋内部装修
	房屋质量
	人均居住面积
	建筑间隔
服务设施构成（2）	教育情况
	购物状况
	饮用水
	文化娱乐
安全（3）	个人人身安全
	财产安全
道路交通（4）	家中小孩上学的方便程度
	出行的道路状况
	去服务设施方便程度
生态环境（5）	环境状况
	空气质量
	生活垃圾处理
	污水排放处理
	绿化
	道路整洁
人文环境（6）	风俗文化
	乡风
	村中工作参与状况

资料来源：谭子粉. 华北平原地区农村社区宜居性评价研究——以山东临沂市新桥镇为例 [D]. 湖南师范大学，2011.

5.1.3 基于农村居民心理感受与农村实体混合的宜居农村构成系统

农村宜居理论一方面要求农村对居住其中的所有人群应具有普适性，另一方面需要考虑特殊人群的宜居要求，如老年人群体。老年人由于生理和心理的变化，对农村宜居性提出了特殊的要求，即在考虑一般村落内部结构的基础上，需要针对老年人提供综合的公共基础设施建设和心理满意度营建。该类型的构成系统中，有些要素从村落实体构成出发，有些从农村居民的心理需求感受和满意度出发，两者综合出现。其中典型的是中国老年学会与北京师范大学老年学研究中心共同构建的《中国老年人宜居城市评价指标体系》，其评价系统的数据也是来自统计数据与居民调查两方面。戴俊骋、周尚意利用关联矩阵法对中国老年人宜居性构建评价指标，从生态环境、经济环境、社会环境与敬老优待政策保障、老年经济保障、老年医疗保障、老年照顾保障、老年文化与社会参与 8 个方面构建二级指标层，选取了 33 个指标构成"中国老年人宜居城市评价指标体系"（表 5-8）。

中国老年人宜居城市评价指标体系 ❶ 表 5-8

一级指标层	二级指标层	三级指标层
老年人宜居环境公共指标 A_1	生态环境 B_1	建成区绿化覆盖率 C_1
		废物处理率 C
		环境空气质量优良率 C_3
		全年 15℃ ~ 25℃ 的气温天数 C_4
		老年居民对申报城市生态环境满意度 C_5
	经济环境 B_2	城镇居民人均可支配收入 C_6
		农村居民人均纯收入 C_7
		恩格尔系数 C_8

❶ 戴俊骋，周尚意等．关联矩阵法与城市宜居指标的结构关系度量——以中国老年人宜居城市评价指标体系为例 [J]. 地域研究与开发，2011，10：60 ~ 65.

一级指标层	二级指标层	三级指标层
老年人宜居环境公共指标 A_1	经济环境 B_2	老年居民对申报城市经济生活的满意度 C_9
	社会环境 B_3	城镇化率 C_{10}
		城乡居民收入比 C_{11}
		失业率 C_{12}
		老年居民对申报城市社会安全的满意度 C_{13}
老年人宜居环境专项指标 A_2	敬老优待政策保障 B_4	城市老年人免费乘公交年龄 C_{14}
		城市敬老爱老助老氛围 C_{15}
		低保老年人救助标准 C_{16}
		城市主干道无障碍设施情况 C_{17}
	老年经济保障 B_5	城镇职工基本养老保险覆盖率 C_{18}
		新型农村社会养老保险覆盖率 C_{19}
		城镇无工作无收入老年人津贴制 C_{20}
		新型农村社会养老保险申报城市缴费补贴金额 C_{21}
	老年医疗保障 B_6	城镇职工基本医疗保险覆盖率 C_{22}
		新型农村合作医疗覆盖率 C_{23}
		每千名老年人拥有医疗卫生技术人员数 C_{24}
		老年居民对申报城市医疗保障水平的满意度 C_{25}
	老年照顾保障 B_7	每千名老年人占有养老床位数 C_{26}
		政府对失能老年人的护理补贴 C_{27}
		居家养老服务体系城乡覆盖率 C_{28}
		老年居民对申报城市养老设施和服务水平的满意度 C_{29}
	老年文化与社会参与 B_8	老年人在老年大学（校）的入学率 C_{30}
		老年社团组织数 C_{31}
		老年人活动中心建设情况 C_{32}
		老年居民对申报城市老年社会文化活动满意度 C_{33}

5.2 浙江农村宜居环境构成系统确定

人居环境与环境保护是改善民生的重要内容。人居环境是提高生活质量的空间载体和生命质量可持续发展的基础，环境质量是影响居民生活质量的重要因素。根据浙江省统计局民生指标评价报告，人居环境与环境保护是十大方面指标中权重最大的一项，其中又包括了6项二级指标（表5-9）。浙江农村老年宜居本质就是宜老居住、生活、参与和发展的乡村，老年人是主体。因此，我们强调"以老为本"，从老年人这一特殊群体出发，将农村住居基础设施建设和老人心理感受相结合，将客观性和主观性进行有机结合，与国际接轨，突出浙江农村环境和文化特色、科学性、可持续性、宜居性。

浙江民生评价指标体系中
人居环境和环境保护方面的主要指标及权重　　　表 5-9

一级指标	权重	二级指标	计量单位	二级指标权重
人居环境与环境保护	12	1. 人均公共绿地面积	m^2	2
		2. 城乡污水集中处理率	%	2
		3. 城乡生活垃圾无害化处理率	%	2
		4. 主要污染物排放强度	t/亿元	2
		5. 万元 GDP 能量	t/标准煤	2
		6. 环境质量评价	分	2

资料来源：浙江省统计局.2009 年度浙江省民生指标与民生评价报告 [J]. 统计科学与实践，2010（10）: 4-7.

5.2.1　浙江农村老年宜居构成系统确定原则

（1）以老为本为出发点

城乡宜居建设就是要从人的需求出发来考虑城乡的发展，农村老年宜居主体是老年人，老年人的身心健康、生命安全、生活舒适是宜居农村首要关切的，满足老年人的需求是建设宜居农村的基本出发点和最终归宿。浙江省虽属东南沿海地区，但是浙江农村老年人的生活水平，以及医疗和社会保障水平还是较低的，在我国城乡二元体制下，农村老年人无法享受和城市老年人一样的生活质量和社保、医保等社会保障权利。因此，我们构建农村老年宜居性构成系统以马斯洛的"需求层次理论"为基础，结合我国《中国老年人宜居城市评价指标体系》老年人宜居环境思想评价指标"敬老优待政策保障""老年经济保障""老年医疗保障""老年文化与社会参与"，及《美丽乡村建设国家标准》，并将可持续理念灌输其中，力求客观全面。

（2）与"一村一品"相结合

湖州市安吉县在美丽乡村建设中开启了"一村一品""一村一景""一村一韵"的主题建设。通过前面的分析可以看出，浙江农村老年宜居性构成系统应该也是一个全面的系统。而浙江安吉农村美丽乡村建设是国家示范乡村，"一村一品"乡村建设推动了当地村落经济持续发展，而农村老年宜居也必须要和"一村一品"建设相结合，只有当地经济不断持续发展，才能有农村老年宜居建设的经济保障。

（3）实体评价与老年人满意度相结合

对于城乡宜居性评价，有的学者从实体客观评价，也有学者以居住者的主观因素进行评价。由于实体评价只注重居住环境的建设，而满意度评价是从单一居住者心理需求进行评价，两者分开来谈就不能很好地反应出城乡宜居的整体性。满意度评价的数据都是很个人化的，尤其是农村老年人的个体差别很大，所以，得出的数据不一定能全面反映客观事实。只有获得足够多的数据，去除差别，得出的结果才能具有一定的代表性。但是数据量和获取难度是成正比的，要想得到全省农村老年人的数据肯定是不行的。而农村实体建设都是以美丽乡村建设为主，同时又由于我国的老龄化是未富先老，在宜居农村建设中对农村老年人考虑就比较少，大部分乡村都是进行农村基础实体建设；另一方面由于城乡一体化建设的迅速发展，农村青壮年都在城市务工，农村只剩下老人和儿童。基于这些因素，浙江农村老年宜居环境建设必须遵从实体和满意度相结合的方式。

（4）强调生态可持续性

"可持续发展"与"生态化建设"是我国新农村建设的两大主抓手，在浙江农村宜居环境建设与规划中，应当要贯彻实施好这一重大战略。显而易见，宜居农村的构成要素包含可持续性和生态性，建立人与自然和谐共处、协调发展的关系是人类生存与发展的必由之路，也是构建宜居农村的必由之路。因此，在评价浙江农村老年宜居环境时，我们不仅要考虑农村经济的发展，还要考虑生态可持续性发展；不仅要考虑眼前的美丽乡村建设，还要考虑长远的农村生态发展建设。

（5）突出公平性

公平是指公正、不偏不倚。由于我国长期处于城乡二元经济体制结构，农村经济一直处于劣势，尤其是农村老年人生活、养老、医疗等社会保障均比城市老年人差，农村很多老年人看不起病。浙江省新型农村合作医疗给农村老年人提供的医疗保障金额少，受益面窄，且养老效果不佳，农村贫困家庭养老问题突出。浙江省经济社会发展水平在全国处于领先地位，理应在缩小城乡差别、提高老年人社会保障和救济水平等方面走在全国前列。因此，在农村老年宜居建设中要突出公平性，这也是符合浙江老龄化状况的民生建设。

5.2.2 浙江农村老年宜居构成系统确立方法与构成要素

（1）浙江农村老年宜居构成系统确立方法

我们运用实地调研、问卷调查、文献分析法、专家意见法等方法，根据以上五个原则，在对以上的城乡宜居评价系统以及城乡宜居相关理论进行综合分析的基础上，确立浙江农村老年宜居构成系统的5个子系统：安全性子系统、公平性子系统、幸福性子系统、便捷性子系统、生态性子系统。运用系统分析法、综合分析法对各个子系统中的要素进行对比、精简、归类、总结，构建了浙江农村老年宜居构成系统（表5-10）。

浙江农村老年宜居构成系统 表 5-10

系统（A）	子系统（B）	要素（C）	
浙江农村老年宜居要素构成系统（A）	B₁ 安全性	C₁ 农村治安	农村治安
		C₂ 灾害防御	自然灾害防御能力
			人为灾害防御能力
		C₃ 公共安全	交通、无障碍、财产公共安全
	B₂ 公平性	C₄ 老年医疗保障	城乡职工基本医疗保险覆盖率
			新型农村合作医疗覆盖率
			每千名老年人拥有医疗卫生技术人员数
		C₅ 老年养老保障	居家养老服务体系农村覆盖率
			农村社区养老覆盖率
			政府对失能、五保老年人的补贴、救济
			每千名老年人占有养老床位数
			新型农村社会养老保险覆盖率
		C₆ 敬老优待政策保障	农村老年人免费乘公交年龄
			农村敬老爱老助老氛围
			低保老年人救助标准
			农村公共空间无障碍设施情况
		C₇ 老年社会参与	老年乡村社团组织数
			老年人活动中心建设情况
			老年居民对美丽乡村老年社会文化活动满意度
	B₃ 生态性	C₈ 人居环境	村落规划
			农村居住环境优美率（含景观）
			农村房屋质量
			老年居住面积
			老年文化、娱乐设施
			自来水普及率

续表

系统（A）	子系统（B）	要素（C）	
浙江农村老年宜居要素构成系统（A）	B_3 生态性	C_8 人居环境	有线电视普及率
			乡镇卫生所数量
			农村道路硬化率、整洁度
		C_9 生态环境	环境状况
			空气质量
			生活垃圾处理
			污水排放处理
			绿化
		C_{10} 人文环境	农村习俗，当地特色文化
			老年人再就业
			农村尊老爱老氛围
	B_4 幸福性	C_{11} 老年人生活质量	居住条件
			收入水平
			福利条件
			养老服务
			子女外出率
			家庭留守率
		C_{12} 邻里、人际关系	农村邻里关系
			村委与村民融洽度
			农村老人人际关系
		C_{13} 老人心理	心理咨询开展率
			心理疾病患病率
	B_5 便捷性	C_{14} 交通便捷	村民对村落交通的满意率
			人均拥有道路面积
			公共交通分担率
			停车泊位率
		C_{15} 生活便捷	村民对生活质量的满意度
			供水、供电、供气系统的覆盖率

续表

系统（A）	子系统（B）	要素（C）	
浙江农村老年宜居要素构成系统（A）	B₅ 便捷性	C₁₅ 生活便捷	居住区生活服务设施配套率
			1000 米范围内拥有超市的居住区比例
		C₁₆ 公共服务便捷	村民对公共服务便捷性满意度
			通信、网络的便捷性
			数字化科技成果的享受度

资料来源：笔者根据相关资料汇总、绘制

（2）浙江农村老年宜居系统构成要素

①安全性

安全性是农村宜居的首要条件，没有村落安全、人身安全就无法构建农村宜居，因此，安全是基础，尤其是对农村老年人来讲，安全更是他们的一个最根本的保障，也是必需的保障。浙江农村老年宜居的安全性表现在以下几个方面：

治安安全。治安是指国家通过法律、法规，运用警察职能以及治安行政管理手段建立起来的一种稳定安宁的社会秩序。治安安全是农村老年人最根本的保障，也是城镇化建设中首当其冲的民生工程。农村社会治安安全是宜居农村的最基本要求。

灾害防御安全。是指对自然灾害和人为灾害的防御能力。在农村，汛期经常会发生山体崩塌、滑坡、泥石流、地面塌陷等地质灾害，以及森林着火、房屋着火、室内触电、高温作业等人为灾害。农村老年宜居对灾害的防御不仅体现在防灾防洪等方面，更应该注重对防灾防火意识的宣传。

交通、无障碍、财产等公共安全。公共安全是指社会和公民个人从事和进行正常的生活、工作、学习、娱乐和交往所需要的稳定的外部环境和秩序。我国近几年来交通安全事故明显增多，交通事故发生率居世界第二。浙江农村经济相对较发达，大部分农村家庭都有汽车，村村都有公路，马路四通八达，宜居农村必须采取相关措施减少农村交通事故。同时，针对农村老年宜居，我们应该做到公共空间公共设施的无障碍设计，方便老人，以人为本。保障老年人的财产安全也是安全性的重要内容。

②公平性

浙江农村老年宜居的公平性表现在以下几个方面：

老年医疗保障。浙江省是一个经济比较发达的省份，但是老龄化人口基数大，增速快，高龄化趋势显著，农村老年人口比重大，加上老年人发病率高，患长期慢性病者多，导致浙江农村老年人医疗服务需求日趋旺盛，农村老年人医疗保障问题较为突出，对现行的农村老年人医疗保障体系构成了严重挑战。浙江省农村医疗保险虽然筹资标准逐步提高，但是提高幅度不大，且一般实行参保自愿原则，目前由于各个地区经济水平的差异，农村老年医疗保险情况不是很乐观，同时乡镇卫生院的医疗卫生条件差，医疗技术人员少，医疗保障支付能力低，医疗服务供给不足和医疗服务利用不足。解决这些问题，需要健全农村老年人医疗保障制度，提高农村老年人医疗保障筹资水平，合理配置农村医疗卫生资源，加强政府在农村老年人医疗保障中的作用，加强对农村老年人的健康教育❶。

老年养老保障。养老保险是指国家立法强制征集社会保险费（税），并形成养老基金，当劳动者退休后支付退休金，以保证其基本生活需要的社会保障制度，它是社会保障制度的最重要内容之一。浙江省现有6个与养老有关的制度性资源，包括：率先在全国建立城乡一体的最低生活保障制度，建立了规范化的五保集中供养制度，探索建立了以土地换保障的新机制，部分地区实施了普惠的老年津贴制度，初步建立了农村部分计划生育家庭奖扶助制度，不断完善农村社会养老保险制度；2个新型非制度性养老资源，包括：村集体为老年人发放生活补贴制度，以及企业为老年人发放生活补贴。

---

❶ 周文俊．浙江农村老年人医疗保障现状与对策研究[D]．湘潭大学，2011，6.

敬老优待政策保障。老年优待证是一个国家、政府为了完善社会保障制度，按照规定给予老人的一种优惠、照顾，给老年人一种享受和待遇。浙江省政府结合实际，设立了"浙江省老年人优待证"，规定凡具有本省常住户口、年满 60 周岁的公民，不分性别、职业、民族、宗教信仰，均属优待对象，持"优待证"享受居住地人民政府规定的优惠待遇。

老年社会参与。老年人社会参与，就是老年人在健康状况允许的前提下，为满足其自身的生活、情感需要，实现自我价值而与社会接触互动，参与一切有益于社会的活动，以建立"不分年龄，人人共享"的社会的过程❶。老年人社会参与对社会和其自身都有积极作用。老年人社会参与可充分发挥老年人的才智，提高老年人的自主性，避免了老年人被动接受服务。同时还可以提高老年人的社会认可度，满足其经济、情感需要，更有效减少老龄化社会的负面影响，是综合应对人口老龄化的客观需要。城乡老年人的社会参与就存在着明显的差别，农村老年人社会参与一般体现在参与老年活动、从事田野劳动、抚养儿孙，有的还在工厂打工。

③生态性

生态环境。生态环境是人类赖以生存和发展的重要基础。农村生态环境的保护与治理不仅直接影响着农村经济和社会的全面可持续发展，关乎着整个国民生活安全与生产发展，也影响当代人们的生活和子孙后代的健康。浙江在快速城镇化建设中，由于耕地减少，工业污染和水污染加重；农民文化素质普遍不高，环境保护和治理意识淡薄；政府缺乏优秀的环境管理人员和有效的管理机制，农村生态问题日益突出。所以，加强农村地区的生态环境质量，建设生态文明的农村环境是浙江农村老年宜居的当务之急、重中之重。

人居环境。人居环境是人类工作劳动、生活居住、休息游乐和

---

❶ 曲江川. 老年社会学 [M]. 北京：科学出版社，2007.

社会交往的空间场所。人居环境科学是以包括乡村、城镇、城市等在内的所有人类聚居形式为研究对象的科学，它着重研究人与环境之间的相互关系，强调把人类聚居作为一个整体，从政治、社会、文化、技术等各个方面，全面地、系统地、综合地加以研究，其目的是要了解、掌握人类聚居发生、发展的客观规律，从而更好地建设符合人类理想的聚居环境。联合国人居中心从1989年开始创立"联合国人居奖"，一直受到世界各国政府的重视。城市环境相当于整个城市系统环境。在地域层次划分的基础上，以城市人居环境的住宅、邻里、社区绿化、社区空间、社区服务、风景名胜保护、生态环境、服务应急能力8个方面为评价对象，充分考虑评价指标选择的代表性、不可替代性和多层次性，选择29项指标构成一个相对完整的城市人居环境评价指标体系。

生态环境。生态环境是指影响人类生存与发展的水资源、土地资源、生物资源以及气候资源数量与质量的总称，是关系到社会和经济持续发展的复合生态系统。浙江城乡一体化建设中所产生的污染加剧了农村生活环境的恶化，尤其是浙北的水污染很严重，空气质量较差，这就使得农村居民对良好生态环境的追求更为迫切。

人文环境。人文环境是指一定社会系统内外文化变量的函数，文化变量包括共同体的态度、观念、信仰系统、认知环境等。人文环境是社会本体中隐藏的无形环境，是一种潜移默化的民族灵魂。浙江文化灿烂，人文荟萃，科技教育发达，名胜古迹众多，素享"文物之邦，旅游之地"美誉。早在1999年，浙江省就提出建设文化大省的目标，制定了《浙江省建设文化大省纲要》；2005年，作出了《关于加快建设文化大省的决定》；2008年，又制订实施了《浙江省推动文化大发展繁荣纲要（2008—2012）》，为打造"人文浙江"打下了基础。

④幸福性

幸福感是指人类基于自身的满足感与安全感而主观产生的一系列欣喜与愉悦的情绪。农村老年宜居应该从老年人社会保障、福利待遇、社会救助、养老服务、健康、收入稳定等方面满足老年人的需求。据北京晨报报道，"中国老年人政策进步指数"在北京发布。该指数主要针对我国各省市老年人社会服务、福利待遇、健康等多项指标评估，北京、上海、浙江等省市分列前十，老人幸福感获得指数较强。"十三五"时期，老年福利保障制度建设力度加大，保障水平将逐年提高，老年社会救助、社会保险、社会福利等方面水平呈上升趋势，尤其体现为农村五保供养水平、最低生活保障水平、城镇职工退休人员基本养老金等绝对水平的逐年提高。高水平的生活质量、富裕的社会福利和温馨的养老服务是农村老年人幸福的保证，也必然是农村老年宜居追求的目标。

老年人生活质量。由零点集团与中脉科技集团合作编著的《中国老年人生活质量指数报告》认为，建设和谐社会不能忽视老年人口的需求，尤其是对于中国步入老龄化社会的背景下，对老年人口的生活质量和健康的研究是事关社会和谐发展的重要内容。安全感和个人经济状况是影响老年生活的指标。我国农村老年人经济收入处于较低水平，长期处于很低的物质生活条件下，他们最关注的还是最基本的生理需求和安全需求，这种低层次的需求导致其生活质量影响因素不仅有别于国外发达国家的老年人，而且与我国城市老年人也有显著差别。

邻里关系、人际关系。《浙江省4个地区60岁以上老年人生活满意度的调查》指出：农村老年人最满意的事是"生活条件改善"和"家庭关系和睦"，最不满意的事主要是"家庭不和睦、社会发展不佳、身体状况差、生活条件差"。所以，要想改善农村老年人生活状况，就必须加强社会道德建设，建立和谐的家庭和社会关系，并进一步丰富老年人业余生活。

老年心理。老年心理学是研究个体和群体成年以后增龄老化过程的心理活动变化、特点、规律的一门科学。心理学家认为，人的健康应包括身体和心理两个方面。衰老是人生的必经之路，心理活动的衰退是个积累的过程。由于农村老年人普遍文化水平较低，心理变化起伏较大，因此，家庭和睦、邻里关系融洽就显得格外重要，农村养老社区管理人员的管理水平也较为重要。

⑤便捷性

便捷性就是方便快捷，浙江农村老年宜居的便捷性主要由交通便捷、生活便捷、公共服务便捷组成。

交通便捷。一个城市生活的便利度最明显的体现就是交通等基础设施，农村也是一样的。只有交通便捷，才能创造更多的机会。俗话说，"要想富，先修路"。浙江交通路网历经 65 年，经过 5 个阶段的发展，从新中国成立伊始的"千疮百孔"到如今的"条条大路通世界"，完成了一次"从无到有"的华丽转身。浙江农村经过"千村万村整治工程"后，村村通公路，总体来讲浙江农村交通还是比较方便的。

生活便捷。农村老年宜居生活便捷性主要体现在供水、供电、供气等方面，水、电、气是人们生活的基本保障，水尤其是人们生活必需之物，没有水，人的生存就会受到严重的威胁。电力与气能是人们生活便捷的两大因素，在当今的高科技信息时代，没有电力和气能，整个社会都无法运转。在强调环保的今天，浙江农村大部分已用天然气代替了燃煤，浙江农村水、电、气的基础设施基本完善，农村生活总体比较方便，有部分山区农村还在使用燃煤和柴火。

公共服务便捷。浙江省率先提出了"基本公共服务均等化"的战略，大力推进农村公共服务体系建设，在很大程度上改变了农村民生滞后的现象。浙江农村老年宜居的公共服务便捷性主要指针对老年人的医疗、社保、养老服务、老年活动中心等公共服务的方便性。郑卫荣指出，浙江农村公共服务现在有以下几个特点：农业基础设施明显改善，农村经济服务效率有待提高；农民工就业需求旺盛，公共就业服务体系相对滞后；生活基础设施显著改善，农村公共环境问题突出；文化资源分布日趋合理，文化服务能力有待加强；村务管理日益民主规范，农民民众权益意识有待深化；社会风气日趋良好，部分不良习气亟需引导；基础教育普及成效显著，教育质量与公平亟待提升；医疗卫生服务体系不断健全，基础医疗服务效率有待提升；农村社会保障体系初步形成，社会保障能力总体偏弱；农村生态建设初显成效，农民满意率稳步提升 ❶。

5.3　浙江农村老年宜居评价的指标体系构建

5.3.1　浙江农村老年宜居的评价内容

浙江农村老年宜居是农村老龄化和农村宜居的有机结合，其中，老年人是基础，宜居是目标，宜居是农村建设的重点，但是一切的出发点都是以老龄化为背景，美丽乡村建设必须要考虑老年人的需求和利益。农村宜居建设得再好，如果没有考虑老年人的需求，也很难维持下去，因为农村老年人口比例越来越多，并且每个人都要经历年老的一天。一个和谐的村庄其老、中、青、儿童的比例是合适的、恰当的，而不是只剩下老人、妇女和儿童。所以，浙江农村老年宜居的评价体系应该同时包含老年人指标和宜居农村指标，是二者的有机结合，在具体的指标选取上，不仅要有主要体现有关农村老年人因素的指标，同时也要有主要体现农村宜居因素的指标。

除此之外，在对浙江农村老年宜居水平进行评价时，还要将客观指标和主观指标同时考虑在内，客观指标是通过客观数据反映浙江农村宜居建设水平，而主观指标则是指农村老年人对其生活的村庄的宜居性进行的主观评价。客观指标因其依赖客观数据而具有具体性和客观性，但是浙江农村老年宜居是以老年人为主，突出以老为本，在对浙江农村老年宜居的评价上也不能忽视老年人的主观感

---

❶ 郑卫荣. 农村公共服务满意度分析与对策——以浙江省为例 [J]. 华中农业大学学报,2011,1.

受。我们如果只考虑客观评价指标，忽视主观评价指标，那么就会得出客观的结果，农村宜居得分较高，但有可能无法体现老年人满意度。如果只依靠农村老年人的满意度进行主观评价，又会陷入另一个极端，导致一些错误配置。因此，我们提出基于农村老年人满意度的主观评价和美丽乡村建设客观评价有机结合的农村老年宜居评价指标（图5-1）。

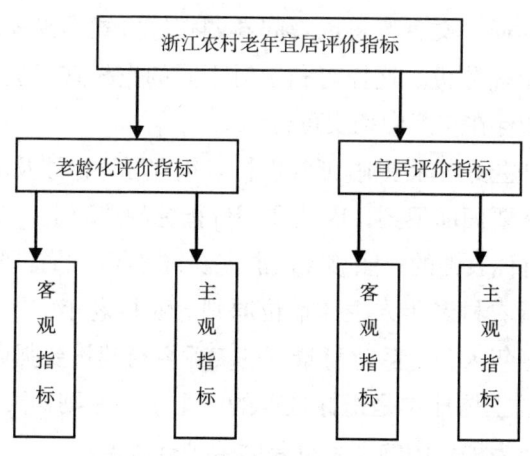

图 5-1 浙江农村老年宜居评价指标内容

5.3.2 浙江农村老年宜居评价指标体系

浙江农村老年宜居评价指标的选取原则如下：

（1）科学性原则。评价指标的选择必须建立在科学的基础上。评价指标体系要能较为客观地反映农村老年宜居内涵和构成要素，并能较好地反映农村老年宜居现状。

（2）系统性原则。也称为整体性原则，它要求把决策对象视为一个系统，以系统整体目标的优化为准绳，协调系统中各分系统的相互关系，使系统完整、平衡。农村老年宜居所选择的指标是一个整体，既要有人居环境，又要有老年人心理需求，以综合地反映农村老年宜居的各种因素。

（3）可持续发展原则。可农村老年宜居是要建设一个可持续发展的生态农村，因此评价指标体系要符合可持续发展的要求，实现环境效益、经济效益和社会效益三者的统一，而且要充分考虑到农村老年宜居建设的承受能力和现状。

（4）可操作性原则。指标的选取要具有可操作性强，评价所需的所有数据须通过文献资料或者问卷调查等方式容易地获得，以保证能够进行定量分析。这样有利于对不同的农村宜居进行评价，使得出的评价指标在实际中切实可行。

（5）突出主要指标原则。浙江农村老年宜居评价涉及的内容很多，不可能也没必要面面俱到，因此在评价指标的选取上，要突出重点，尽量选取具有代表性的、能够突出浙江农村老年人的宜居性指标。

（6）强调农村老年人主体地位原则。农村老年宜居建设服务的对象是农村老年人，老龄化背景下的美丽乡村建设要强调以老为本。强调老年人的主体地位是指标选取的一个重要原则，要把老年人的意见和建议作为评价中的一个重要因素进行考虑。

5.3.3 浙江农村老年宜居指标体系确立方法

前面我们已经确立了浙江农村老年宜居构成系统，就是在浙江农村老年宜居要素构成系统的基础上，从主观指标和客观指标两个方面进行研究。对于客观指标，主要是通过查询浙江省统计年鉴、政府工作报告、政府部门官方网站等方式获取所需数据，同时根据《中国人居环境奖评价体系》《美丽乡村建设国家标准》《中国老龄事业发展"十二五"规划》及我们团队撰写的调研报告《浙江农村老年宜居环境研究》等为主要依据；对于评价体系中所需的农村老年人满意度指标，主要采用问卷调查、老年访谈等方式，分别抽样对安吉高家堂村、嘉兴南梅村、庆元县马家地村进行问卷调查，以获取相关指标的满意程度，然后利用统计学的方法计算出每一个一级指标的老年满意率，各个一级指标及二级客观指标的权重值也在问卷调查获得数据的基础上计算确定；最后，结合相关专家的观点和我们团队的分析进行评价指标的综合选取，确立浙江农村老年宜居评价指标体系。

（1）构成系统与指标系统的关系

以构成系统为基础，一级名称一一对应，确立客观评价指标，同时确定主观评价指标，用"水平""度"区分一级客观评价指标与主观评价指标的不同性质，比如公平性（构成系统要素）—安全水平（客观评价指标）—安全度（主观评价指标），对应关系见表5-11。

浙江农村老年宜居构成系统要素与主客观评价指标的关系对应表　表5-11

构成系统要素	客观评价指标	主观评价指标
安全性	安全水平	安全度
公平性	公平水平	公平度
生态性	生态水平	生态度
幸福性	幸福水平	幸福度
便捷性	便捷水平	便捷度

资料来源：笔者根据相关资料汇总、绘制。

（2）浙江农村老年宜居指标的选取

①浙江农村老年宜居指标选取的专家调查

我们采用德尔菲研究方法。首先，我们团队先对农村老年宜居的评价指标进行讨论，商讨后得出一个基本框架，将初步的调查指标设计成表格；然后邀请省内专家、教授对框架性的指标体系进行新一轮商讨，同时请专家、教授对框架性指标进行重要性评判；随后回收专家问卷进行汇总，提出提高性的评价指标体系；最后，我们将其制成表格，再次请专家学者对提高性指标体系进行重要性评判，并回收问卷进行汇总。通过 3 次专家评判提升，最终确立浙江农村老年宜居评价指标体系。

（3）浙江农村老年宜居客观评价指标系统

浙江农村老年宜居客观评价指标旨在运用客观数据对农村老年宜居状况作出分析，通过实地调研、问卷调查，结合浙江省统计年鉴的数据和浙江民生报告的文献资料，严格遵守之前提到的科学性原则、系统性原则、可持续发展原则、可操作性原则、突出主要指标原则和强调农村老人主体地位原则，通过对各个方面的指标进行排序，按照出现频率高低进行排列，同时结合一些专家学者对宜居农村、农村社区宜居性及老龄化农村宜居的评价体系，最终确定了 5 个一级指标、9 个二级指标、16 个三级指标及 58 个四级评价指标（表5-12）。

浙江农村老年宜居客观评价指标　　　　　　　表 5-12

一级指标 （准则层 A）	二级指标 （领域层 B）	三级指标 （指标层 C）	四级指标 （子指标层 D）
A_1 安全水平	B_1 农村安全	C_1 农村治安	D_1 农村治安
		C_2 灾害防御	D_2 自然灾害防御能力
			D_3 人为灾害防御能力
		C_3 公共安全	D_4 交通、无障碍、财产安全和公共安全
A_2 公平水平	B_1 城乡公平	C_4 老年医疗保障	D_5 城乡职工基本医疗保险覆盖率
			D_6 新型农村合作医疗覆盖率
			D_7 每千名老年人拥有医疗卫生技术人员数
		C_5 老年养老保障	D_8 居家养老服务体系农村覆盖率
			D_9 农村社区养老覆盖率
			D_{10} 政府对失能、五保老年人的补贴、救济
			D_{11} 每千名老年人占有养老床位数
			D_{12} 新型农村社会养老保险覆盖率
	B_2 尊老爱老	C_6 敬老优待政策保障	D_{13} 农村老年人免费乘公交年龄

续表

一级指标 （准则层 A）	二级指标 （领域层 B）	三级指标 （指标层 C）	四级指标 （子指标层 D）
A_2 公平水平	B_2 尊老爱老	C_6 敬老优待 政策保障	D_{14} 农村敬老爱老助老氛围
			D_{15} 低保老年人救助标准
			D_{16} 农村公共空间无障碍设施情况
		C_7 老年社会 参与	D_{17} 老年乡村社团组织数
			D_{18} 老年人活动中心建设情况
			D_{19} 老年居民对美丽乡村老年社会文化活动满意度
A_3 生态水平	B_3 居住环境	C_8 人居环境	D_{20} 村落规划
			D_{21} 农村居住环境优美率（含景观）
			D_{22} 农村房屋质量
			D_{23} 老年居住面积
			D_{24} 老年文化、娱乐设施
			D_{25} 自来水普及率
			D_{26} 有线电视普及率
			D_{27} 乡镇卫生所数量
			D_{28} 农村道路硬化率、整洁度
	B_4 生态环境	C_9 生态 环境	D_{29} 环境状况
			D_{30} 空气质量
			D_{31} 生活垃圾处理
			D_{32} 污水排放处理
			D_{33} 绿化
	B_5 人文环境	C_{10} 人文 环境	D_{34} 农村习俗、当地特色文化
			D_{35} 老年人再就业
			D_{36} 农村尊老爱老氛围
A_4 幸福水平	B_6 生活质量	C_{11} 老年人 生活质量	D_{37} 居住条件
			D_{38} 收入水平
			D_{39} 福利条件
			D_{40} 养老服务

一级指标 （准则层 A）	二级指标 （领域层 B）	三级指标 （指标层 C）	四级指标 （子指标层 D）
A_4 幸福水平	B_6 生活质量	C_{11} 老年人 生活质量	D_{41} 子女外出率
			D_{42} 家庭留守率
		C_{12} 邻里、 人际关系	D_{43} 农村邻里关系
			D_{44} 村委与村民融洽度
			D_{45} 农村老人人际关系
		C_{13} 老人 心理	D_{46} 心理咨询开展率
			D_{47} 心理疾病患病率
A_5 便捷水平	D_7 基础设施	C_{14} 交通 便捷	D_{48} 村民对村落交通的满意率
			D_{49} 人均拥有道路面积
			D_{50} 公共交通分担率
			D_{51} 停车泊位率
		C_{15} 生活 便捷	D_{52} 村民对生活质量的满意度
			D_{53} 供水、供电、供气系统的覆盖率
			D_{54} 居住区生活服务设施配套率
			D_{55} 1000m 范围内拥有超市的居住区比例
	D_8 公共服务	C_{16} 公共 服务便捷	D_{56} 村民对公共服务便捷性满意度
			D_{57} 通信、网络的便捷性
			D_{58} 数字化科技成果的享受度

资料来源：笔者根据相关资料汇总、绘制。

（4）浙江农村老年宜居主观评价指标系统

浙江农村老年宜居主观评价指标体系同样在农村宜居构成系统的基础上构建。对主观评价的调研，主要采用问卷调查法和访谈法，问卷设计尽量简单明了，以符合农村居民和老年人的文化水平，这样一方面可以拉近和老年人的距离，另一方面可以提高社会调查所获取数据的准确性。通过调研，以及专家学者的多次会议商讨，不断完善其中的内容，得出表5-13所示的浙江农村老年宜居主观评价指标系统。

浙江农村老年宜居主观评价指标系统　　　　**表 5-13**

一级指标	二级指标	三级指标
安全度	农村治安	农村治安
	灾害防御	灾害发生
		灾害防控
		设施安全
	公共安全	生命安全
公平度	老年医疗保障	城乡职工基本医疗保险
		新型农村合作医疗保险
	老年养老保障	农村居家养老服务
		农村社区养老服务
		养老保险
	敬老优待政策保障	农村敬老爱老助老氛围
		农村公共空间无障碍设施情况
	老年社会参与	农村乡团组织
		老年活动中心
生态度	人居环境	村落规划
		农村居住环境
		农村房屋质量
		老年居住面积
		老年文化、娱乐设施状况
		农村道路硬化率、整洁度
	生态环境	环境状况
		空气质量
		生活垃圾处理
		污水排放处理
		绿化状况
	人文环境	地域文化
		民间习俗
幸福度	老年人生活质量	居住条件

续表

一级指标	二级指标	三级指标
幸福度	老年人生活质量	收入水平
		福利条件
	邻里关系	农村邻里关系
		村委与村民关系
		老人之间人际关系
	老人心理	心理咨询开展状况
		心理疾病患病状况
便捷度	交通便捷	村落交通
		对外交通
	生活便捷	供水、供电、供气系统状况
		居住区生活服务设施状况
	公共服务便捷	公共服务
		网络通信

资料来源：笔者根据相关资料汇总、绘制。

6 浙江农村老年宜居环境实证分析

6.1 嘉兴市王店镇南梅村概况

6.1.1 南梅村村落现状

（1）南梅村概况

南梅村位于嘉兴市秀洲区王店镇 2km，位于秀洲区、海宁市、海盐县交界地带，全村区域面积 3.5km²，人员 1972 人，17 个组，510 户农户。嘉兴历史上最后一条由 25000 多名民工开挖的人工河大横港横贯全村，整个村落环境优美、气候适宜、民风淳朴、是个典型的江南水乡农村。主导产业以粮油、蚕桑种养、羊毛衫加工、特种水产养殖、保温安装施工等为主。2015 年，农村经济总收入达 2.05 亿元，村级集体月人均可支配收入 2800 元，农民年人均纯收入 24535 元。计划生育符合率 100%，自来水入户率 100%，太阳能安装率 80%，合作医疗参保率 90.4%，义务教育入学与毕业率 100%，农村社会养老保险参保率 68%。村两委班子成员 5 名，村党支部共有党员 46 名，其中，女性党员 6 名，35 周岁以下党员 13 名，大专学历以上党员 12 名，近几年取得了省级全面小康建设示范村、省级兴林富民示范村、省级绿化示范村、省级科普示范村、市级绿化示范村、市级科普示范村、市级文明村、平安村、农机安全村等荣誉。几年的新农村建设，使村子的面貌发生了巨大的变化（图 6-1）。

公元 937 年，嘉兴镇遏使王逵辞官隐居梅里（今王店），因为爱梅在梅溪南（今南梅）广植梅树，形成了百亩梅园"香雪海"的景象，"南梅"地名由此而来。现在以"重建梅里，恢复百亩梅园"为切入点，在美丽乡村建设推动下，积极发展乡村生态旅游业，发展现代

图 6-1   南梅村村容村貌

农业，依托南梅村的地理优势和梅花文化，完善各方面软硬件基础设施建设，带领群众致富，逐步建设了农民公园、王遽故居、百亩梅园、朱彝尊文化广场等 10 多个梅文化产品和基地；同时依靠旅游经济发展本地特色的无公害、绿色旅游产品和产业，装满农民口袋的同时，宣传了本地特色、打响了南梅品牌。

（2）南梅村老龄化现状

截至 2015 年底，南梅村 60 岁及以上老年人 510 人，占总人口的 25.86%，超过全国平均水平 10 个百分点（表 6-1）。其中，约有 30% 的老人仍以打零工、做技工的方式自给自足，85% 的老人享受城乡居民养老金。人口老龄化问题已严重制约着南梅村的经济发展，给独生子女家庭带来了沉重的负担。2015 年中旬，南梅村新建了居家养老服务照料中心，棋牌室、台球室、休息室、舞台、餐厅、厨房等生活和娱乐设施一应俱全，极大地提升了南梅村老人的生活质量，促进了老人们对生活的热情。

南梅村老年人口数量、养老金及满意度　　　　　　　　表 6-1

年龄段（岁）	人数（人）	养老金（元）	备注	满意度
60 ~ 69	276	350	城乡居民养老金	94%
70 ~ 79	149	155	基础养老金	99%

年龄段（岁）	人数（人）	养老金（元）	备注	满意度
80以上	85	155	基础养老金	99%

注：60周岁以上老人中，约10%享受退休职工医疗保险，90%参加城乡居民合作医疗，医保覆盖率100%，一般小病在村卫生服务室或是镇人民医院就医，严重的去市里医院就医。报销比例和范围，有严格的政策规定，在此不赘述。

资料来源：南梅村村委提供。

①自然环境

南梅村地处江南水乡嘉兴王店镇，属于杭嘉湖平原地区，其自然特点为山少、水多，平原洼地广阔，地势较为平缓，土壤肥沃，河湖众多，适于农业生产和交通运输。南梅村村庄布局根据水系特点，引大横港之水进村，围绕河汊布局。村庄水网密集，交通发达，稻田金黄，蚕桑青青，百亩梅林点缀在村子里，自然环境优美，尽显原生态（图6-2）。

（a）南梅村美丽乡村建设

（b）王逵纪念碑、梅园

（c）南梅村文化活动中心

（d）南梅村秋收活动

图6-2　南梅村自然生态现状

②人文环境

江浙一带的文化属于吴越文化体系，江南水乡所蕴含的江南文化温和秀美，江南建筑布局则是小桥流水。南梅村因后晋名士王逵不愿与当时黑暗的官场同流合污，辞官隐居于此，因喜爱梅花的品格而广植梅树，年年扩种，世传有百亩之多，后来便称"梅溪"溪南为"南梅"。对于梅花，如今的南梅村民依旧偏爱。2004年时，村民们开始种植梅花，如今，昔日"百亩梅林香雪海"之景已再现南梅。在百亩梅林里有一块石碑，刻有王逵的画像，石碑右边的古井历经岁月的洗礼，已变得沧桑、破旧，相传是王逵的旧物，村中建有王逵故居和王逵纪念馆。在石碑北面，一条长廊沿河而建，漫步其中，遮天的紫藤营造出幽静阴凉的休憩空间。清代文人朱彝尊留下的一百首《鸳鸯湖棹歌》悬挂在长廊的两壁，边走边看边吟，可回味嘉兴风土人情。

南梅村文化底蕴深厚，历史传承悠久，百姓安居乐业。在千年梅韵的传承中，南梅村也在不断刷新自我。从百亩梅园、生态桑果园、马家荡红菱，到棹歌长廊、民俗文化馆，依托地方特色资源，南梅村已经形成自然、人文体验兼具的旅游线路。

③村落空间结构

空间形态在本质上"是一种复杂的经济、社会现象和社会过程；是在特定的地理环境和一定的社会历史发展阶段中，人类的各种活动与自然因素相互作用的综合结果；是人们通过各种方式去认识、感受并反映城市整体的意向总体"❶。水是江南水乡空间结构最重要的构成要素，也是地域的传统特征要素。大横港横贯全村，把南梅一分为二。大横港之南是200多户整齐划一、干净整洁、实现城乡一体化的新社区；大横港以北是错落有致、恬静悠然的自然村保留点。

---

❶ 段进，秀松，王海宁. 城镇空间解析——太湖流域古镇空间结构与形态 [M]. 北京：中国建筑工业出版社，2002.

村北的自然村依河而建,江南的粉墙黛瓦有机地点缀在河两边,古桥、船坞联系着河两边的村民活动。

④南梅村美丽乡村建设现状

2004年,南梅村建设百亩梅园,家家户户广植梅树,营造梅文化氛围,同时开始建设农村达户道路。通过村委和农户的共同努力,到2014年底,村内道路硬化工程全部完工,本村道路硬化率达到了100%。原本坑坑洼洼的泥路,变成了平整的水泥路,这改善了村庄整体环境,解决了群众出行的困难,改善了群众生产生活习惯。通过开展"优美庭院"创建,促进社会和谐,同时,引导广大村民建立了生态环保意识,促进农村生态环境好转,弘扬了文明健康的生活方式,营造天蓝水清地绿的新南梅(图6-3)。

(a)绿色基地

(b)电网设施

(c)老年参与

(d)优美庭院建设

图6-3 南梅村美丽乡村建设

6.1.2　南梅村老年宜居"五度"指标调查分析

6.1.2.1　安全度

（1）农村治安

农村社会治安好坏与农村社会经济发展、农民群众的正常生活息息相关，是构成社会主义新农村的重要内容。尤其是在城乡一体化建设过程中，农村青壮年农民工都外出务工，乡村只剩下老年人、妇女和儿童，此时的农村社会治安显得尤为重要，南梅村村委一直高度关注本村社会治安工作，目前，南梅村社会治安形势总体平稳。据村委会提供的资料显示，南梅村农村社会治安主要存在以下几个方面的问题。①盗窃犯罪仍然是影响农村社会治安的最主要因素；②一些矛盾没有得到及时有效化解而引发打架斗殴事件，甚至转化为刑事案件；③青少年犯罪成为影响农村社会治安不可忽视的因素。

南梅村村委根据实际情况，进一步做好农村综治工作。①建立健全农村安全防范机制。一是认真落实治安防控责任制，二是要建立农村基层治保会组织。②加强农村基层组织建设，增强基层组织的凝聚力。南梅村村委一方面加强基层组织建设，制定切实可行的措施，保证农村社会治安形势的根本好转；另一方面强化监督机制，建立健全村级各项规章制度，实行村务公开，减少干群之间的误会和摩擦。③加强农村精神文明建设，增强农民法律意识。首先要加强农村的文化建设，提高农民的思想文化素质；其次要加强农民的思想道德建设，广泛开展社会公德、家庭美德教育，大力提倡文明礼貌、互敬互爱、遵纪守法；最后加强农村的法制建设，增强农民的法律意识。④高度重视农村青少年的思想道德和法制教育，积极做好青少年违法犯罪的预防工作。一方面学校要履行好教育职责，保持与外出务工家长的经常性联系，督促他们担当好子女教育的重要责任；另一方面对问题少年，要制定并落实好具体的帮教措施。

（2）灾害防御

为在发生洪涝、台风（热带风暴）等自然灾害时快速有效地开展抗洪、抗台救灾抢险，最大程度地减少灾害损失和人员伤亡。南梅村结合实际，制定了村防汛防台工作预案（图6-4）。根据镇防汛防台抗旱指挥部发布的预警，结合村台风状况和洪涝程度（特别是突发性特大暴雨），按照预警等级，开展相应的防灾、抢险、救灾工作。

①组织人员值班，密切关注台风、暴雨动态，并及时向有关领导报告相关信息。水利工程管理人员及灾害巡查人员到岗，村两委班子有1名负责人到岗值班。

②通过广播、电话、短信、到家告之等方式，将台风或降雨信息及时告诉各企业与村民。

③对本村水利工程、灾害隐患点等重点防御对象组织安全检查，对险情或隐患立即采取补救措施。

④对已成熟的农作物、水果等，组织力量抓紧抢收或采取其他防护措施。

⑤根据气象部门降雨预报，参照工作程序，组织相应的工程试运行并加强巡查工作。

⑥通知低洼区企业、村民，对易涝物资落实转移准备或做好其他防范措施。

⑦对灾害隐患点和防御对象加强安全巡查，降雨期间实施昼夜巡查。

（3）公共安全

南梅村交通便利，康庄公路连通王店与南梅，并向南延伸至海宁，341路公交往返于镇村，极大地提高了人们出行的便利度。村治保中心组织专人巡防队伍，与镇派出所采取联动机制，定期在村里进行巡防，非常时期，实行交通管制，对出入村域的可疑人员进行盘查。在南梅村通往外界的每个路口安装监控，进一步确保村庄的公共安全。

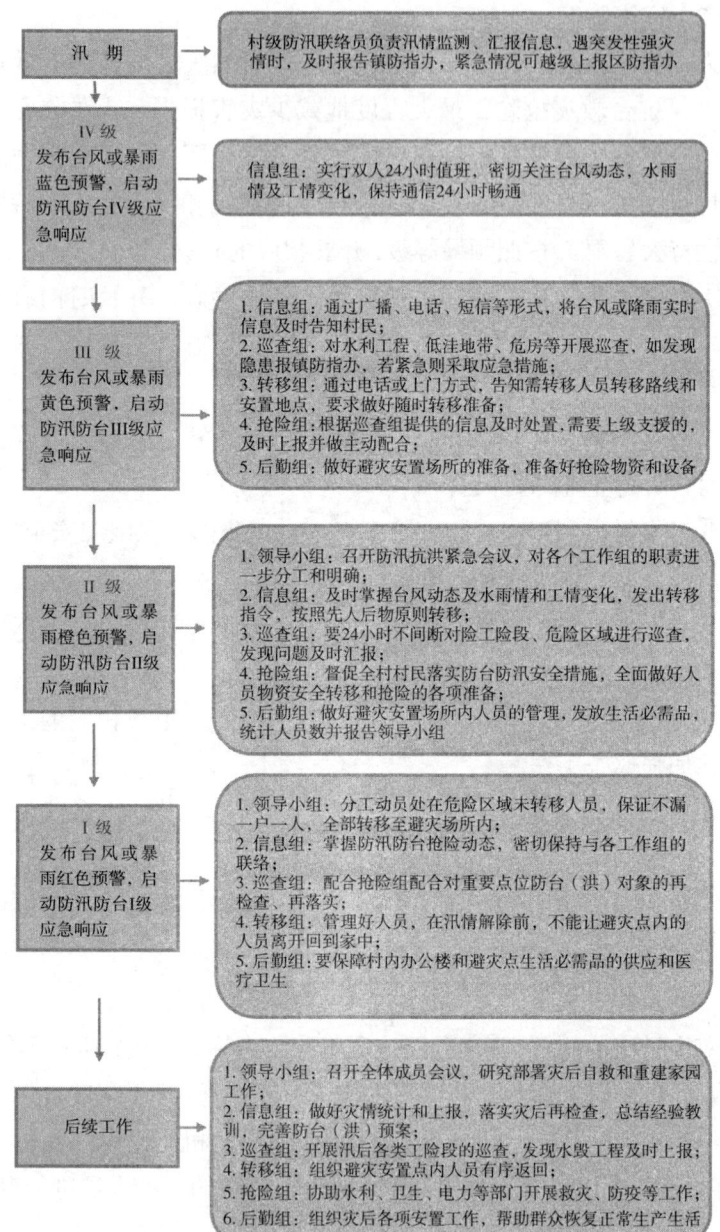

图 6-4 南梅村防汛防台应急工作流程

6.1.2.2 公平度

南梅村城乡职工基本医疗保险覆盖率23.8%，新型农村合作医疗覆盖率75.5%，两项合计医保覆盖率99.3%。居家养老服务体系农村覆盖率100%，农村社区养老覆盖率100%，政府对失能、五保老年人的补贴、救济覆盖率100%，每千名老年人占有养老床位数为10，每千名老年人拥有医疗卫生技术人员4人，城乡居民养老保险覆盖率约85%，城镇职工养老保险覆盖率约15%，60周岁以上达到养老保险全覆盖。南梅村年龄在60～69周岁老年人乘公交半价，70周岁及以上老年人乘公交免费。零收入低保户，政府补贴664元/月；有收入低保户，政府补贴614元/月；每年年底，政府对低保户进行慰问，送上油、米、被子、衣物等慰问物资。老年乡村社团组织数0，南梅村建设有农民公园、梅园、民俗文化馆、图书室、文化礼堂、居家养老服务照料中心。从以上调研数据来看，南梅村的老年公平度、公共资源的配给不管是和其他农村相比较，还是和城市老年人相比，总体来讲还是偏弱的。由于村里老年人淳朴，他们对整个村落建设、老年活动及其他方面都表示较为满意。

6.1.2.3 生态度

南梅村村落规划以大横港为分水岭，大横港以南是城乡新社区规划点，大横港以北是自然村保留点。自然村居住环境优美，并且村委通过系列活动推动美丽乡村建设，在"优美庭院"的创建过程中，村里涌现了很多模范，如周如忠、王成升、顾建良等户，他们不但庭院环境一流，而且以身作则带动更多的示范户进行优美庭院创建。

南梅村给每户农户发放一只垃圾桶，并对自然村庄内部分垃圾箱予以改造，部分路段根据实际情况增设流动垃圾箱，修复和美化了两处垃圾中转房。设有3名村庄保洁员，分3个片区，每天上门清收垃圾；设有2名河道保洁员，对全村河道进行保洁。由保洁公司统一管理。南梅村已建设有农村生活污水管网和污水处理系统，每家每户的生活污水通过污水管网排放到生活污水处理池，经过生物处理和净化，再排入河流。南梅村天然绿化率 80%，人工绿化率 10%，整体绿化率达到 90% 以上。除了公园绿化、道路绿化，庭院绿化也渐渐增多，不仅美化了环境，也提高了生活品质。

6.1.2.4　幸福度

南梅村民风淳朴，邻里之间相处融洽。空闲时间，老人们做得最多的不是走亲访友，而是邻里之间的串门。饭后，到邻居家去坐坐，喝杯茶，聊聊天，也不失为一种休闲方式，或者大家出来，聚在一起，谈天说地。农村老人受限于知识和外部环境，大部分都聚集在各自村落里，有些身体健康者，早上会去镇上喝一壶茶。自从村里建起居家养老服务中心后，很多老人都会过来打棋牌、看电视，老人之间的关系也更加融洽。

6.1.2.5　便捷度

南梅村达户道路 100%，有 5m 宽的康庄公路贯穿南梅村，连通王店与海宁；7m 宽的南梅公路，进一步改善了南梅村的交通。目前有镇村公交 341 路，每天 6 班，公共交通分担率约 5%，主要是老年人出行，村民对村落交通满意度较高。供水、供电覆盖率 100%，供气系统暂无，普遍使用煤气瓶充气。居住区生活服务设施配套率 50%，交通设施、老年人服务设施、公园设施、文化设施相对较完善。南梅村村域内无超市，购物都要去镇上超市。电信、移动、华数等网络已覆盖全村，数字化科技成果的享受度达 100%，村民对公共服务便捷性、生活质量、村落交通的满意度分别为 80%、90% 和 95%。

6.1.2.6　总结分析

本次调查发现，南梅村老年人对美丽乡村建设和老年养老保障及养老服务等都较为满意，大部分老年人对宜居环境建设情况比较清楚，尤其是浙江省的美丽乡村建设深入人心，生态环境建设效果良好，村落交通方便，生活质量较好，老年人的总体满意度高达 90%。但是大部分老年人对公平度没有意识，且农村老年人社会福利水平低，养老保险金基数低，村镇医疗条件一般，老年公共设施差，社区配套设施相对落后。

6.2 安吉山川乡高家堂村概况

6.2.1 高家堂村村落现状

（1）高家堂村概况

高家堂村位于浙江省安吉县山川乡南端，是浙江省第一批全面小康建设示范村（图6-5），由于其境内山清水秀、植被茂密，该村是全省农村中少有的绿色村，该村也由此获得了很多奖项，先后被评为"省级全面小康建设示范村""省级绿化示范村""省级文明村""全国绿色建筑创新（二等奖）"等称号，全村总人口826人。2000年以来，村里坚持发展生态经济，先后投入了380多万元。山林面积8456亩，生态环境良好，竹类资源非常丰富，其中毛竹林4639亩，年产毛竹20余万支。2002年，村里覆水造湖。2003年，浙江省开展"千村示范万村整治"行动，高家堂村被列为安吉首批争创的示范村。2004年，成为浙江省第一个应用美国阿科蔓技术生活污水处理系统的村庄，建成了湖州市第一个生态公厕，建成了以环境教育、污水处理示范为主题的湖州市第一个生态公园，提升了整个村的环境品位。现在，高家堂村的人均绿化面积超过12m^2，主要道路绿化普及率达100%，空气质量达到一级标准，生活饮用水卫生合格率达100%，环境质量也达I类❶。2008年，成为安吉县首批中国美丽乡村精品村之一。2011年，完成村主干道柏油硬化工程，并建成开通村庄旅游环线3km。2012年，高家堂村自变革后环境优美，吸引了很多前来游玩的游客，全年旅游收入达280万元。2014年成为农业部发布的美丽乡村十大模式中的"生

---

❶ http：//baike.baidu.com/link？url=cqqicYoaz9P2B4MIx7R5YyfkBPg7Efzl1roqewEQ1TbYaikq6bhAOZ186H4QjLyJVAjzh4au48vym5OaxEiaFq.

态保护型"样本。高家堂村不仅因其自然环境成为"画卷里的村庄"，并且村里人对它的长远规划也将造就它美好的未来。

（a）高家堂村绿化示范村

（b）高家堂村规划设计

（c）高家堂村自然环境

（d）高家堂村社区服务中心

图 6-5　高家堂村美丽乡村建设

（2）高家堂村老龄化现状

　　湖州市的农村老年人口在 2012 年已达到了 33.98 万人，第六次人口普查显示，安吉县 60 岁及以上人口的比重上升 2.95 个百分点，65 岁及以上人口的比重与 2009 年相比上升 1.09 个百分点[1]。随着死亡率降低、社会养老体制改善、农村人口迁移，老龄化现象将逐渐加剧。高家堂村总面积 $6.49km^2$，9 个村民小组，农户 248 户，总人口 853 人，党员 65 人，老年人口约占整个村落的 30%，全村 60 周岁以上老年人养老保险基本全覆盖。近年来，县政府给村里添置了

---

[1]　http://www.ajtj.gov.cn/list_46.html.

文化礼堂、老年活动中心等来应对老龄化，提高老人生活质量。

（3）高家堂村的人居环境

①自然环境

高家堂村背枕天目山，境内植被良好，覆盖面积广阔，山清水秀。全村围绕仙龙湖而建，盛产毛竹，森林覆盖率极高，是发展生态农业的好地方。高家堂村地势较高，丘陵山地地形使得村子里空气清新，环境优美，寂静舒适，与外面的喧嚣有所隔绝。高家堂村气候宜人，属亚热带海洋性季风气候，光照充足，气候温和，雨量充沛，四季分明，全年日照稳定，这种气候适宜农作物生长。农业资源丰富，拥有竹笋、白茶、高山蔬菜等一大批名、优、新、特农产品。

②人文环境

安吉县历史文化底蕴深厚，发端于黄浦江源头的西苕溪孕育了神秘的古越文明，涌现了南朝梁文学家吴均、三国东吴大将朱然、近现代艺术大师吴昌硕、著名林学家陈嵘、画家诸乐三等名家巨匠。千百年来，安吉形成的昌硕文化、竹子文化、孝子文化、邮驿文化、竹椅文化都教导着后人要不辱历史的使命，兼容并蓄、敢为人先、虚心有节、挺拔向上、扶贫帮困、和谐友爱、雷厉风行、开拓创新。正是因为这些不断形成的文化内涵，促使着一代又一代安吉人开拓创新，不断发展。高家堂村作为安吉县的一个村庄，始终秉承着这些积极向上的理念，不仅积极发展经济更为把高家堂建成文明生态村而努力。

③高家堂村美丽乡村建设

1998年，高家堂村开始启动杜绝水土污染的乡村整治工作，这为今后的生态发展奠定了一定的基础。2000年，高家堂村所在的安吉县通过县人民代表大会做出了《关于实施生态立县、生态经济强县的决议》，把生态立县发展战略上升到全县的高度。高家堂村以村庄整治和农房改造为抓手，着手开展休闲度假区建设、山水风景区建设和农业观光区建设，修建了6km的环村公路，把村容村貌和景区景点连成一片。2008 年，高家堂村成为安吉县首批中国美丽乡村精品村之一。2010 年，美丽乡村建设取得阶段性成效后，高家堂村开始探索村庄经营的路子，把生态资源转化为旅游资本，来实现"富民强村"的目标。2012 年，高家堂村投入 200 万元，委托浙江省相关专家规划、设计、指导全村美丽乡村经营格局，引入资本组建旅游开发公司来经营村庄，建成"一园一谷一湖一街一中心"的村休闲产业观光带。2013 年底，高家堂村成功创建为国家 3A 级旅游景区，全年接待考察团 246 批，接待游客 21.6 万人次，村集体收入大幅提高，旅游业逐渐成为高家堂村的支柱产业。"美丽乡村"是安吉的一张金名片（图 6-6）。高家堂村得益于"美丽乡村"的盛名，受益于因美丽乡村建设而保护起来的生态环境，更受益于因美丽乡村建设而规划的长远生态发展之路。

（a）高家堂村农民公园

（b）高家堂村老年活动中心

（c）高家堂村农民公园

（d）高家堂村村委办公室

图 6-6　高家堂村美丽乡村金名片

6.2.2　高家堂村老年宜居"五度"指标调查分析

6.2.2.1　安全度

农村安全主要体现在农村治安、灾害防御、公共安全三个方面。

（1）农村治安

随着县域经济的发展，新农村建设步伐的加快，在推进农村产业结构、利益关系调整的过程中，农村出现了一些社会矛盾和新情况、新问题。高家堂村在经济发展之后，旅游业发展，外来游客增多，因此盗窃案件频发。但近三年来，无一重大刑事案件，无一上访事件，无一责任事故，无迷信活动和非法宗教活动场所，群众满意度95%以上，高家堂村全村总体治安状况在改善。

（2）自然灾害防御能力

安吉县位于浙江西北部，属于山地丘陵相兼地形，是亚热带海洋性季风气候。自然灾害种类虽然不多，但是破坏性强，造成的损失严重。由于这种气候的影响，台风时常会袭击安吉。近几年来，极端天气现象和重大气象灾害多发。这些自然灾害以袭击山区里的村庄最为严重，半山区次之。高家堂村地处半山腰，受灾程度较重，台风、暴雨可引发山洪、山体滑坡，导致民居毁坏坍塌。高家堂村近年来对村民的房屋进行了整体改造，一是为了建设美丽新农村，建设旅游示范基地；二是为了对房屋进行加固，加强对自然灾害的防御能力。由于山体滑坡、泥石流对村民人身安全和财产安全的威胁巨大，政府派遣有关部门对山体进行勘测，排查容易发生危害的地段，进行整修，尽可能维护村民的安全。

（3）人为灾害防御能力

高家堂村的人为灾害主要包括自然资源衰竭灾害、环境污染灾害和火灾。高家堂村森林面积覆盖广阔，时常有火灾发生，因此政府对村民加强宣传和教育力度，宣传火灾的预防措施，尽可能减弱火灾对资源造成的危害。

（4）交通、无障碍和财产公共安全

高家堂村位于半山腰，平时游客车辆进出较多，为了游客能方便进入景区，在村口设立了停车场，令游客步行前往景区，以避免交通事故隐患。由于村里老年人口较多，许多老人行动不便，县残联开展了无障碍设施进家庭的活动，给残疾人以及行动不便的老人带来了便利。高家堂村变成了景区，外来游客增多，自然对财产安全有一定威胁，县政府根据市政府颁发的《关于进一步加强基层公共安全监管工作的实施办法》文件精神，结合高家堂村实际，健全基层公共安全监管机构，加强基层公共安全监管队伍管理，落实基层公共安全监管保障措施，努力使村民的公共财产安全得到保障。

6.2.2.2 公平度

在社保方面，安吉县 2015 年年末参加城乡职工基本医疗保险人数 16.70 万人；城乡居民医疗保险参保人数 29.70 万人，参保率为 98.7%，全县 2015 年末参加城镇基本养老保险人数达到 22.32 万人，比上年增加 0.96 万人；在医疗卫生方面，全县 2015 年末各类收养性社会福利单位拥有床位 3269 张，收养人数 1146 人；2015 年末城镇"三无"、农村"五保"集中供养对象 314 人，集中供养率 99.4%。高家堂村为应对人口老龄化，积极鼓励社会力量参与为老服务，营造全村敬老、爱老、助老的氛围，开展了一系列关爱特殊老人公益活动，发动社会组织为老人提供精神关爱，为老人举办公益演出。高家堂村低保老年人可获得每人每月 615 元的保障金。为方便村里老年人活动、休息，村里建了许多无障碍设施。在公共卫生间建了方便残疾人和老年人的坐便式马桶、扶手，在小路上修建了盲道。在老年社会参与方面，高家堂村作为全国美丽乡村精品村之一，不仅仅是对生态、经济进行建设，更有对村民的生活建设。村里成立了老年舞蹈团、歌唱团、棋牌社、村女子腰鼓队、球操队等社团，并时常组织活动，不仅激活了村庄的公共生活，丰富了村民的业余时间，加强了村庄内部的人际联系，更为乡村治理的良性发展提供了民主导向。

6.2.2.3 生态度

高家堂在美丽乡村建设开始时，就按照生态村落发展思路进行建设，由于生态村的建成，使高家堂村的风光、景点远近闻名，吸引了大量游客前来观赏，成为风景区后，门票又使村庄多了一笔收入，让村民的钱袋子鼓起来，整个村落从生态到经济样样不落。自从村子成为全国美丽村庄精品村之后，村民的环保意识都提高了，学会了垃圾分类放置，村里的环境有了显著的改善，环境质量也达Ⅰ类。发展生态农村的理念促使村民们不断发挥才智，村里形成了竹产业生态型、观光型高效竹林基地、竹林鸡养殖基地。高家堂村成为生态一流、人与自然高度和谐的美丽村庄。

6.2.2.4 幸福度

高家堂村完成了农房的改建，家家户户都建起了欧式小楼房，为老人养老提供了便利、安全的住所。近年来，高家堂村居民人均可支配年收入达到23556元，由于各种商业的引进，老年人再就业不再是困难，老年人的收入水平有了明显的提高。田园体验和美丽风景让高家堂村多次登上《新闻联播》和央视七套的节目，并接受了《人民日报》《浙江日报》《农民日报》等多家主流媒体的采访报道。

高家堂村委成员是村民投票选举出来的，可以反映村民的意愿，个个都是村民的好领导。村委始终把人民利益放在第一位，村民有任何事都可以向领导反映，寻求他们的帮助，村委领导也会尽自己所能帮助，引导村民解决问题。在很多老年人眼里，有些年轻的村干部比自己的儿女都要亲。高家堂村民风淳朴，生活悠闲安逸。经济发展起来了，村民不必再为一日三餐发愁，开始为健康问题筹谋，村委定期为老人进行免费体检，做心理沟通，心理疾病患病率仅1%。高家堂村村民整体幸福度很高。

6.2.2.5 便捷度

自2000年开始，作为省级村庄环境建设试点村，高家堂村全面开展了环境建设工作。投入大量经费对村庄环境进行了彻底整治，新建了进村大桥，拓宽了进村路面。2015 年末，全县公路通车里程达到 2130.6km，其中高速公路 35.4km、一级公路 110.2km、二级公路 126.1km，建成农村联网公路 29km，完成干线公路大中修 26.5km，完成农村公路大中修 18.6km，累计开通城乡公交线路 58 条，全年客运量 1458 万人。村民们对于便利的交通出行感到很满意。高家堂村供水、供电覆盖率达 100%，供气系统暂无，农村普遍使用煤气瓶充气。居住区生活服务设施配套率达 60%，娱乐设施、交通设施、文化设施较为完善，村内开了几家小超市和零售店，方便村民购买日常所需生活用品，村民们对于居住的生活质量满意度较高。电信、移动、华数等网络已涵盖全村，数字化科技成果的享受度 100%，村民们对村子的现代化水平都较为满意。

6.2.2.6　总结分析

高家堂村成为"2015 中国十大最美乡村"之一，是美丽乡村"生态保护型"样本。这次调研发现，高家堂村一直认准"生态"的发展路线，通过发展生态旅游、生态竹品等一系列生态产业，带动村落经济，全村一起努力建设美丽乡村。老年社保和医疗都较好，整个村落的尊老爱老氛围浓烈，村内民风淳朴，生活怡静，真正实现了"蓝天、碧水、绿地"的人与自然的和谐之美。

6.3　庆元县荷地镇马家地村概况

6.3.1　马家地村村落概况

（1）马家地村概况

马家地村位于庆元县荷地镇，全村总面积 6.4km^2 距离荷地镇 7km，海拔 1200 多 m，四面环山，全村都为山地，俗称"九山半水半分田"。属亚热带季风气候，温暖湿润，四季分明。明末清初的时候，由刘氏太公从岩坑迁出所建，因此全部村民皆刘姓，村中由刘氏祠堂、古房等和其他建筑组成。全部村民基本以栽培香菇为主业。受地理位置、气候和水文水系的影响,村庄生产高山反季节蔬菜、瓜果、板栗等作物,但是由于村庄交通不便,不能形成销售路线,导致外出谋生的人居多,村中常住人口不足200人。村中医疗条件比较差,村庄中并没有相应的医疗机构或简单的卫生院,只有在荷地镇有一个荷地医院,荷地镇附近的村庄都把这个医院作为医疗点。

（2）马家地村老龄化现状

根据2016年7月的实地调查,马家地村总人口约300人,其中,村中常住人口约200人,外出务工100人左右。村中60岁以上的老年人有85人,占全村总人口的28%,老龄化现象非常严重。马家地农村老年人的收入主要来自于两个方面:一是自给自足的劳作,通过自己种田、种蘑菇和打零工等方式获得经济报酬;另一方面就是子女们提供的赡养费,养老救助金少得可怜。在村委的努力下,2015年,将已荒废的马家地村小学改建成老年活动中心,但是设施不齐全,不能很好地提高村中老人的生活质量。

（3）马家地村人居环境

①自然环境

马家地村可以说是一个纯天然的村庄,交通不便限制了它的发展,也不被外界社会所关注,但是环境和生态却是非常好（图6-7）。村子空气特别清新,村庄依山傍水,山上的植被四季常青,植被的种类也特别多。村中多属自然景色,村民们门口种植的作物在某个季节总是会为居民们带来视觉上的美感。

②人文环境

马家地也经历过大跃进和"文化大革命",村中的3栋建筑见证了当年大跃进的发生,3栋建筑也是以当时的分队命名的,分别是"第一大队""第二大队"和"第三大队"。村中有庙1座、刘氏祠堂1座。村中的寺庙建于乾隆五十一年,已有230多年的历史,政府也对其实施了相关的保护。2015年,政府将庙宇修葺翻新,刘氏祠堂居民

图 6-7 马家地村自然环境

们也自费翻新过。每年逢夏至、处暑、小满，村中居民都会到庙前一拜。因村中风俗是女子不入庙，所以大多妇女只在庙外上香。村中居民在某些节气会制作一些那个节气食用的食物，作为对大自然的感谢和对自己的犒劳。

③马家地村美丽乡村建设

马家地村由于地处偏僻，村里居民不是很多，2009 年，农业户籍 120 户，447 人。其中，在家 49 户，126 人；外出 71 户，321 人。2011 年，经济总收入 250.7 万元，人均年收入 6146 元。香菇生产 16 户，28 万段，药材 25 亩。全村低收入农户 57 户，233 人，低保户 5 户，共 16 人 ❶。在浙江省美丽乡村建设指导下，马家地村积极开展乡村整治。由于经济基础薄弱，目前已开展了道路硬化、村容村貌整治、污水处理、垃圾无害化处理、老年活动中心改建等美丽乡村建设。

---

❶ 马家地村简介. 庆元县党务村务公开平台 [引用日期 2014-02-21].

6.3.2 马家地村老年宜居"五度"指标调查分析

6.3.2.1 安全度

马家地村总体治安较好，村委、村民积极响应美丽乡村建设，村党支部始终把创建平安工作摆上重要议事日程，及时建立创建平安村领导小组，制订工作计划。由于马家地村处于山地地区，山地滑坡、山地灾害对生产、生活以及发展有着严重危害。因此，村委把山地灾害等放在第一，结合本村实际，制定本村的防汛防滑坡工作预案，提高全村防灾、安全等意识。为在发生洪涝、滑坡等自然灾害时能快速有效地开展抗洪、抗滑坡救灾抢险，最大限度地减少灾害损失和人员伤亡。马家地村交通一般，只有一条村级马路通往村庄，总体来讲马家地村安全度较好。

6.3.2.2 公平度

马家地村新型农村合作医疗覆盖率 70%，居家养老服务体系农村覆盖率 100%，农村社区养老覆盖率 50%，政府对失能、五保老年人的补贴、救济率 100%，每千名老年人占有养老床位数为 0，每千名老年人拥有医疗卫生技术人员数为 0，只有荷地镇才有医院。城乡居民养老保险覆盖率约 75%，城镇职工养老保险率约 15%，60 周岁以上达到养老保险部分覆盖。零收入低保户,政府补贴 420 元 / 月，有收入低保户，政府补贴 380 元 / 月，每年年底，政府对低保户进行慰问，送上油、米、被子、衣物等慰问物资。老年乡村社团组织数 0，马家地村目前只有老年活动中心、居家养老照料中心。从以上调研数据来看，马家地村的老年公平度、公共资源的配给不管是和其他村子相比较，还是和城市老年人对比,总体来讲处于非常弱的。村里老年人对整个村落建设、老年活动及其他的满意度表示一般。

近几年村中每年也为老人提供小数额的生活费，80 岁以上的老人每年村中提供 100 元小数额的补给，对于曾是村委会一员的老年人村中给予的补给是 200 元。此外还有国家政府的扶持，60 岁以上的老人有 60 元 / 月的补贴，后增长到 120 元 / 月。80 岁以上的老人则是 130 元 / 月。

6.3.2.3 生态度

马家地村的生态环境建设主要措施有：①森林资源保护；②水资源保护；③水土保持；④保护历史文化和人文景观；⑤搞好生态村建设，提高村庄品位。马家地居住环境森林覆盖率达 85% 以上，村中房屋普遍已有 30 多年的历史。马家地村新建了居家养老服务照料中心、老年活动中心、休息室等，另外还有村庄公园、老年公共锻炼区，老年人人均居住面积 30m^2，村庄没有卫生服务所，自来水、有线电视普及率均为 100%。

村中污水排放量几乎为零，生活垃圾处理几乎多为可降解的材料，多为一些瓜果皮或菜叶之类的生活垃圾，村民多作为下一季作物的养料。村中环境质量好，空气清新，温度适宜，因此村中并无一家有风扇，更无需空调。

6.3.2.4 幸福度

由于马家地村总体经济基础较差，村中大部分青年人都在城里务工，子女外出率高达 80%。大多数人选择外出给子女营造更好的成长条件，因此儿童留守率相对较低，不足 40%。大部分老年人还要继续进行田里劳作，自给自足，有的老人还要养护孙子，自己洗衣做饭。村里的老年活动中心是老人们唯一可以娱乐的场所，空闲时，老人们打打麻将、下下棋等。平时，距离村子 7km 的荷地镇卫生院经常不定期开展"关爱老人健康、营造和谐氛围、建设美丽乡村"活动，帮助老人量血压，灌输心血管疾病的预防和治疗，以及急救措施方面的专业知识。

马家地村民风淳朴，邻里之间相处融洽。村中有几位老人带头组织了"老年会"，老年会成员在成立那日举办过一次村中聚餐，老年会聚餐的资金皆来自村中近几年的封山款。村中小一辈的人们对老人的照顾还算是可以，留在村中的年小一辈人时常帮助那些外出的人，时常去那些子女外出的老人家中，以免有老人生病或是其他状况发生，老人之间的关系也更加融洽。总体来讲，由于经济基础差，老年人口基数多，村里大部分老年人还得继续从事体力劳作，因此，村里大部分老年人的幸福度为一般。

6.3.2.5　便捷度

马家地村达户道路覆盖率 85%，村里有 1 条村级公路，没有公交车，村民对村落交通满意度不高。供水、供电覆盖率 100%，供气系统暂无。居住区生活服务设施配套率 50%，交通设施、老年人服务设施、文化设施整体一般，马家地村村域内无超市，购物都要去镇上超市。电信、移动、华数等网络已涵盖全村，数字化科技成果的享受度达 80%，村民对公共服务便捷性、生活质量、村落交通的满意度分别为 60%、80% 和 75%。

6.3.2.6　总结分析

由于马家地村地处山区深处，经济基础差，村庄大部分都是老年人，且老年人口基数大，青年大部分都在外地务工，老年人还得继续在家务农、劳作来养活自己和儿孙。养老保险和医疗保险基础差，且老年活动中心、村落公共设施不齐全，在老年公平度、幸福度和便捷度方面表现较弱，而安全度和生态度由于地理环境的优势，一直较好。整体来讲，马家地村老年宜居满意度一般。

7 浙江农村老年宜居环境建设措施与对策

7.1 浙江农村老年宜居环境建设存在的问题

　　农村老年宜居环境主要是指农村环境、设施、家庭居所和养老中心的建设要充分考虑老年人的生理特点、生活习惯和养老需求，合理安排规划、设计、建筑、服务与管理，突出"以人为本"的理念，建立新型美丽乡村"年龄平等"的友好社会。浙江省新农村建设，带动了农民创业热情，促进了农村经济的发展和农民收入的提高，这使得浙江成为中国基尼系数最低的地方。这符合党的十六届五中全会提出建设社会主义新农村的重大历史任务，符合提出的"生产发展、生活宽裕、乡风文明、村容整洁、管理民主"的具体要求。2008 年，安吉县提出"中国美丽乡村"计划，出台了《建设"中国美丽乡村"行动纲领》；2010 年，浙江省专门制定《浙江省美丽乡村建设行动计划（2011—2015）》，提出到 2015 年，全省 70% 左右县（市、区）达到美丽乡村建设工作要求，60% 以上的乡镇开展整乡整镇的美丽乡村建设。2007 年，浙江省委全面实施《浙江省社会福利发展规划（2006—2010）》，加快构建农村社区公共服务和养老服务体系，促进农村老年福利事业发展，省民政厅制定了《浙江省"农村老年福利服务星光计划实施方案"》。2014 年，浙江省根据《国务院关于加快发展养老服务业的若干意见》制定《浙江省人民政府关于加快发展养老服务事业的实施意见》，指出，到 2020 年，全面建成以居家为基础、社区为依托、机构为支撑，功能完善、布局合理、规模适度、覆盖城乡的养老服务体系；基本形成"9643"的养老服务总体格局，即 96% 的老年人居家接受服务，4% 的老年人在养老机构接受服务，不少于 3% 的老年人享有养老服务补贴。在养老服务方面浙江一直走在全国前列。2009 年，全国老龄办提出老年宜居环境建设的理念，并于 2012 年积极推动新修订的《老年法》，在《老年法》专门增加了"宜居环境"一章，明确要求"国家采取措施，推进宜居环境建设，为老年人提供安全、便利和舒适的环境" ❶。同时，《中国老龄事业发展"十二五"规划》强调，努力打造老年宜居环境体系，凸显"创新老年型社会新思维，树立老年友好环境建设和家庭发展"新理念。农村老年宜居环境建设长远发展应纳入新型城镇化整体的规划、设计、建设和管理，均衡各方面利益。

浙江省农村人居环境建设经历了三个阶段。第一阶段为基础整治阶段（2003 ~ 2007 年）。实施"千村示范万村整治"工程，着力发展浙江生态优势，打造"绿色浙江"，以达到"环境整洁、村貌美化、设施配套、布局合理"的目标；第二阶段为全面实施阶段（2008 ~ 2011年）。此阶段主要任务是以垃圾收集、污水治理等为重点，从源头上推进农村环境综合整治。2010 年 12 月，浙江省制定了《浙江省美丽乡村建设行动计划（2011—2015）》，各乡镇按照"重点培育、全面推进、争创品牌"的要求，全面实施美丽乡村建设行动计划；第三阶段为品牌提升阶段（2011 年至今）。2011 年，浙江省美丽乡村桐庐会议提出将浙江农村建设成宜居、宜业、宜游的美丽家园，不断提高社会主义城乡一体化建设。2013 年，省政府提出"绿水青山就是金山银山"的发展思路。

在过去相当长的时期内，中国人居环境、公共环境、居家环境建设缺乏长远规划，未充分考虑人口年龄结构变动的要求，大多数基础公共设施和建筑都没有考虑老年人群体的需求。"十二五"期间，我国老年宜居环境建设的主要任务包括以下四点：①加快老年活动

---

❶ 吴玉韶 . 推进老年宜居环境建设，加强老年宜居环境研究 [J]. 中国社会工作，2014，12.

场所和便利化设施建设，②完善涉老工程建设技术标准体系和实施监督制度，③加快推进无障碍设施建设，④推动建设老年友好型城市和老年宜居社区 ❶。浙江农村经济社会继续保持良好的发展趋势，2014 年全省各级投入美丽乡村建设资金达到 208 亿元，全省共开展 6120 个村的农村生活污水处理，开展农村垃圾减量化、资源化处理村 1901 个。农村居民生活水平有所提高，农村人居环境有所改善，主要表现在以下方面：①农村居民收入水平提高，②村镇数量总体呈减少趋势，③农村住房建设水平有所提升，④农村基础设施建设步伐加快，⑤农村生态建设初见成效，⑥村庄环境整治力度逐步加大 ❷。浙江省历经十几年的持续发展，农村人居环境有所改善，但对比城市的快速建设，农村宜居性建设仍明显滞后，离中央提出的社会主义美丽乡村建设目标有很大的差距。主要表现在以下几个方面：①村庄规划体系缺乏系统性，实际执行时重建设、轻规划。大部分村庄在建设美丽乡村时只重视硬件建设，对村庄规划意识比较淡薄，执行时总是或多或少地打折扣，同时村庄实施时缺乏监督；②农村住房建设水平有所提升，建筑风貌有待管控；③农村公共服务和基础设施建设尚处薄弱状态，大部分村庄只是在象征性地建设一些公共设施；④农村老年养老、医疗、服务等福利水平明显低于城市老年人，大部分农村老年人还得继续从事体力劳作以换得一点经济报酬，而且还得在家看管孙子辈；⑤农村老年人社会参与少，文化程度低，村庄老人一般在老年活动中心打牌、下棋、聊天，也有部分老年人看书等；⑥农村生态环境有待进一步治理，尤其是土地集约利用、生态修复、环境治理等方面有待深入开展；⑦历史文化资源保护仍然有待加强，特别需要加强传统村落文化、传统民居的保护和发展，彰显农村特色；⑧农村无障碍设计处于初始阶段，大部分村落无障

---

❶ 全国人大内司委内务室等. 中华人民共和国老年人权益保障法读本 [M]. 北京：华龄出版社，2013.

❷ 赵秋立. 浙江省人居环境优化建设研究 [D]. 浙江大学，2006，5.

碍设计意识薄弱,对老年人的公共关怀不够;⑨村庄环境"脏、乱、差"问题得到一定提高,但还有待进一步完善。

7.2　浙江农村老年宜居环境建设措施与对策

营建浙江农村老年宜居环境,不仅需要一定的经济基础,更需要有充裕的老年医疗、社保和养老给予保障,单靠农民自身的努力是远远不够的,更需要各级政府的大力支持和引导。我国城乡二元结构导致农村老年人在很多方面和城市老年人差距很大,这就需要在城乡一体化建设中,研究制定相关政策、法规,逐渐建立起公共财政向农村倾斜、基础设施向农村延伸、公共养老服务向农村覆盖、医疗社保向农村老人优惠、现代文明向农村辐射的建设机制,为农村老年宜居环境提供切实的资金和政策保障。

7.2.1　强化组织领导,坚持规划先行,落实分步实施

浙江农村地理状况主要有山地型、平原型、丘陵型和滨海型 4 种,这就需要省政府组织统一规划。浙江农村老年宜居环境建设要在政府的主导下,积极有序地推进宜居建设,在省委、省政府"美丽乡村"建设小组领导下,积极推进各级领导联系点制度,把"美丽乡村"建设纳入乡镇以及相关部门年度考核的内容,确保各项任务顺利推进。同时建设规划先行,根据《浙江省美丽乡村建设行动计划(2011—2015)》,坚持全域规划理念和"农村环境整治向美丽乡村目标推进"的总导向,着力建设"四美三宜两园"美丽乡村。在规划的前提下,分步、分阶段落实相关基础建设,直至完成。如德清县拨付专项资金,委托浙江大学以 2009 ~ 2018 年为规划期限,统筹村庄布点、精品线路、中心镇、中心村等区块布局,实现城乡规划一张图、建设一盘棋。安吉县则立足于建设"优雅竹城、风情小镇、美丽乡村",把

全县当作一个大景区来规划，高标准编制了《"中国美丽乡村"建设总体规划》和各项专项规划。乡镇和村级层面也纷纷编制了乡镇规划和行政村规划，从而形成了山水村、田园村、古村落等各具特色的村庄建设思路与技术编制 ❶。

7.2.2 加大政府对村落环境体系建设

（1）村容村貌环境整治措施

如今提及村容村貌则必须要说到村容整洁，而这一要求的含义不仅仅局限于村落卫生整洁，现在其含义已扩大为以下三点：一是设施完善，即村庄的交通、供电供水、通信环保等基础设施配套齐全；二是布局合理，即村庄的人居环境建设应本着有利生产、方便村民生活的原则来合理布局，不断优化村民的居住环境，实现人居环境生态化；三是生态良好，即保证农民能喝上洁净的水，呼吸上新鲜的空气，吃上安全放心的食物。

村容村貌整治措施包括如下内容。首先深入宣传贯彻，全面动员，充分发动村民自觉积极参与，发挥全体村民的主力军作用。其次，各村结合实际，明确整治重点和时限要求，全面开展集中清理垃圾死角、集中治理环境污染等工作，改变农村"脏乱差"的面貌。在实施过程中，树立典型示范，适时组织经验交流和现场观摩，总结经验，鞭策后进，促进工作全面展开。最后，因村制宜，探索建立乡村村容村貌管理机制。结合"村规民约"的制定和宣传，建立健全村庄村容村貌管理制度，引导全体村民主动参与村容村貌整治，自觉遵守村容村貌管理制度，自觉维护乡村环境，确保整治工作有成效、不反弹。相关部门要充分发挥职能作用，加强指导督查，推

---

❶ 茅忠明.新农村建设的实践与思考——以浙江省建设"中国美丽乡村"为例[J].经济研究导刊，2014，7.

动全镇乡村容村貌统筹协调发展。

（2）村落老年公共空间环境建设整治措施

首先，公共空间要求能够体现和谐、生态、绿色理念。公共空间是乡村人居环境的核心，是具备完整历史的生命体，是以大地景观为背景，以乡村聚落景观为核心价值的综合体。其二，要求生态环境富有村落特色的人性化设计。在强调以人为本的今天，村落建设与时代特征是分不开的，农村公共空间建设的目标是为村民提供休闲、娱乐、交往的场所，满足大众物质、精神、心理等方面的需求。其三，公共空间的建设需要政策的关怀以维护村落景观的完整性。政府通过组织有关专家，明确村落公共空间景观规划的重要性，保存公共空间类型多样性和畅通联系的可能性，这就可以保证农村建设全面并且完整地展开。

（3）村落景观环境建设

大多数村镇都是在与周边的山、水、林、田等自然环境的磨合下形成的，或依山傍水，或随形就势，没有刻意地规划。村镇追求聚居的形态、自然环境和人居环境的和谐统一，并在演变过程中形成了具有明显地域特色的布局形态。村落景观环境建设可以从下面几个方面入手：

①路整道齐。农村道路要规划合理、道通路平。无乱堆乱放、乱搭乱建、乱贴乱画、乱排乱倒现象。现在的问题是大部分村落以前没有建设规划，有的村庄内宅基地高低不平，有的道路交错混乱，村庄布局杂乱无章，火灾时有发生。多数村庄内禽畜混养，粪便及生活垃圾没有进行无害化处理，路上污水横流，村庄环境脏、乱、差。实现村容整洁必须整治巷道，人畜分开，规范垃圾处理与排放。

②庭院整洁。庭院要布局合理、绿化美观，建筑风格个性与共性相映成趣。充分发挥庭院经济功能，营造庭院生态经济环境，充分利用庭院空中、地面和地下的空间，养花种果，为人居生活创造良好条件。通过沼气池将人、畜及其他生活垃圾进行生态化处理，

变废为宝，实现废物的无害化利用。

③生态良好。山要青，水要绿，天要蓝，空气要洁净。路边、山边、坡边、宅边要绿树成荫。要保证农民喝上洁净的水，呼吸上新鲜的空气，吃上安全放心的食物。

7.2.3 强调农村生态环境建设

生态所反映的不仅是环境问题，也是现实的资源问题。由于生态系统是自然资源供给的基础，对资源的过度需求与消耗会带来环境退化，而环境退化会进一步影响资源的可持续供给❶。浙江农村老年宜居环境建设，必须推进农村生态工程建设，努力恢复农村山体、水体功能，加强人工造林、退耕还林、退田还湖等生态工程建设。其重点是结合美丽乡村建设，开展农村生态环境综合整治，推广农村生态养殖模式，推广有机食品、绿色食品和无公害成品的基地建设。浙江省大力实施"绿水青山就是金山银山"的美丽精品乡村建设工程，强化生态环境建设，加快推进美丽乡村建设进程，通过构筑绿色村庄、打造生态农村，为创建"文明、生态、富裕、和谐"的生态浙江农村奠定了基础。浙江农村生态环境建设主要体现在以下几点：①立足浙江农村实际，严格把关生态环境；②大力推广节能减排产品；③发展绿色产业，实施生态循环经济；④创建生态环境建设保护法及长效机制；⑤增强村民的环境保护意识。

7.2.4 发展农村养老服务体系建设

农村老年人是一个弱势群体，他们面临着赡养难、看病难、就业难等各方面问题。建设农村老年服务体系，能够在一定程度上缓

---

❶ 李琳，陈波平. 中国的生态足迹与绿色发展 [J]. 中国人口·资源与环境，2012，9（5）.

解这些问题，为农村老年人的生活增添一份保障。因此，农村老年服务体系的建设更应当是重中之重。建设完善的农村老年服务体系，以下几个方面的工作应着力开展。

（1）农村老年的公共服务设施建设

老年宜居服务体系建设，应当大力发展老年福利服务机构和充实服务内容，首要任务就是加强老年活动中心等基础公共服务设施建设。主要包括：①常规设施建设。在农村，一部分老年人无人抚养，加上年事已高，日常生活往往难以自理。要对这一部分老年人的日常生活提供保障，就应大力建设为老年人服务、提供日常生活照料服务及其他相关服务的设施，如托老所、养（敬）老院、老人公寓、老人住宅、社区服务中心（站）、社区咨询中心（站）等设施；②医疗保障设施建设。农村老年人看病难的问题极为突出，一些落后的地方甚至无法诊断老年人的病患。因此，为老年人提供解决医疗卫生相关问题的服务设施显得尤为重要，包括医院、村镇卫生所、社区卫生服务中心、免费公共卫生站等设施机构；③活动中心类设施建设。主要指满足老年人体育文化娱乐需求的公共服务设施，包括老年大学、文化活动中心、老人俱乐部、老人活动中心（室）、老人之家、公园广场等。

（2）农村老年服务组织建设

加强农村老年的公共服务体系建设，有利于丰富发展老年生活照料、医疗卫生、康复护理、文体娱乐、信息咨询、老年教育等养老服务项目的内容和形式。在加强设施建设的同时，加强服务人员的专业技能培训，提高专业人员的服务水平，推进社会工作者（师）、养老护理员（师）等职业资格认证工作等一系列的服务组织建设，也极为重要。

7.2.5 增加农村老年医疗、社保体系建设

我国当前医疗体系的目标是扩大医疗保障制度的覆盖面、提高

服务效率、满足全民基本健康需求，但是没有任何向老年人健康服务与保障倾斜的政策和措施。农村老年人作为整个老年群体中困难最多、最需要得到帮助的特殊群体，他们的生存状况令人担忧。生活条件差，生活质量下降，营养得不到保障，身体质量下降，精神生活极度贫乏，存在孤独、依恋、渴望与人交流等心理状况，还存在着"小病小治，大病大治"这一传统思想以及迷信思想，使得大部分老年人有病不医、有病在家吃药或只愿意去小型医疗机构治疗。因此为了使农村老年人能在宜居环境中安享晚年，需要加快完善医疗体系建设。

7.2.5.1 建立专门的多层次的农村老年医疗保障制度

（1）建立多层次的农村老年医疗保障制度，制度和政策应向老年人倾斜

老年人的生理特点决定了他们是健康最为脆弱的人群，并且丧失了劳动能力，经济收入来源有限，社会地位日趋降低，但医疗需求大，特别是对慢性病、大病治疗及长期护理的需求。因此要单独设立针对农村老年人的医疗保障制度，构建一个多层次的制度，包括基本医疗保险、老年社会医疗救助、互助基金、老年护理保险、社区和家庭照顾服务等，从而保障老年人的权利。同时建立针对农村老年人的免费或部分免费的健康保障体系，扩大农村老年人的保障率。

（2）构建完善的医疗保险制度

设立老年医疗保险制度，对部分慢性病、老年病及重大疾病给予保障，对70岁以上老人给予更高的医疗补贴，设立长期护理保险，给需要长期卧床护理的老人提供保障。扶持商业健康保险的发展，通过医疗保险、疾病保险、护理保险和失能保险等商业健康保险品种满足农村老年人多元化的医疗服务需求。同时医疗保险应向预防保健、康复护理、心理健康等方面拓展，通过疾病预防和健康保健更好地提高人们的生活质量，减少医疗服务消费。

（3）构建居家为基础、社区为依托、机构为补充的多层次保障体系

农村基层医疗卫生服务模式应该从单一的医疗向集医疗、预防、保健、康复、健康教育为一体的模式转变，加强农村老年医疗护理机构的发展，通过扶持专业机构为老年人提供连续、综合的卫生保健服务，从而协助家庭更好地发挥保障功能，提高老年人的生活质量。

7.2.5.2　完善对农村老年人的医疗救助制度

（1）建立农村老年医疗救助制度

政府应加大资金、政策支持，动员社会资源，对患病而没有经济能力治疗的老年人，实施专项帮助和经济支持，提高补助范围与水平。

（2）培养一批全科医生

为农村提供以全科医生为骨干的高素质的农村卫生服务队伍，尤其要利用好农村的"赤脚医生"这一资源，对赤脚医生进行正规系统的全科医学教育。同时邀请各个领域的临床专家讲授农村常见病、多发病的预防和诊治，从而使全科医生更好地为农村老年人提供服务与进行救治。全科医生使大部分疾病可以在其范围内得到治疗，在需要的情况下再由专科医生进行诊治。

（3）完善农村基层公立医疗机构建设

发挥村卫生室、乡镇卫生院等基层医疗机构的作用，包括健康教育、常见病和慢性病的防治、康复保健、家庭护理及心理护理在内的一体化服务。在医改优惠政策的基础上加大投入，探索符合老年人群特点的医疗服务模式，发展老年人家庭长期护理模式，设立家庭病床，从而为老年人提供方便、经济、人性化的服务。

7.2.5.3　制定完善的农村老年医疗质量评估体系

（1）根据农村老年人的特点，建立评估标准

对所有超过 60 岁的老年人评估其生理、心理、医疗、文化和社会五个方面的详细情况，建立针对老年人的健康测评制度、机构、

设立标准，评估农村老年人所需的照顾、护理、医疗需求。如澳大利亚建立了"老年保健评估体系"，以评估老年人的护理需求，从而确定是否需要进入护理院及护理等级等。通过评估，有效地防止了医院服务及护理院服务的过度使用，鼓励老年人留在社区或家庭接受护理服务。

（2）建立对医疗机构和医疗设施的评估

制定评价标准，通过第三方评价组织评估医疗机构的人员、设施、工作情况，有完善的运行机制来保证其评价质量的科学性、专业性和公正性；评价标准不断更新，其标准的更新有固定周期，透明公布于社会大众，引导老年医疗发展。

7.2.5.4 形成独特、完善的老年医疗服务体系

（1）建立长期护理服务体系

研究制订老年病科、姑息治疗和临终关怀的护理规范及指南，增强医疗机构长期护理服务能力。医疗机构充分发挥专业技术和人才优势，将护理服务延伸到家庭和社区，更加注重患者的延续性护理和康复，拓展护理服务领域。加强医院老年病科、临终关怀科建设，根据实际需要，设立老年病、临终关怀病房，收治老年病患者和各类疾病晚期患者，改善患者生活质量。

（2）提高社会养老机构的护理服务水平

增强社会养老机构内设医务室的规范化建设，进一步明晰医务室的功能定位、服务范围、人员和设备配备等要求。鼓励养老服务机构与当地医疗卫生机构建立长期合作关系，为养老机构的老年患者提供医疗护理服务。

7.2.6 加强相关老年法律、法规制度体系建设

人口老龄化不仅是个人和家庭的现实问题，也涉及政治、经济、文化、社会等领域。积极应对人口老龄化关系到国计民生、民族兴

衰和国家的长治久安。《老年人权益保障法》作为一部构建和发展和谐稳定社会的重要法律,从公布施行以后,对于保护老年人的合法权益发挥了其重要作用。老年人不仅增强了自身法律保护的意识,还会从各个层面提高生活质量与幸福满意度。

(1)《老年人权益保障法》是老年人权益法律保障

《老年人权益保障法》集中规定了老年人享有的基本权利,主要是从国家和社会获得物质帮助、享受社会服务和社会优待、参与社会发展和共享发展成果等权利,这些权利大都体现了老年人的特殊要求。《老年人权益保障法》的立法宗旨是保障老年人合法权益,发展老年事业,弘扬中华民族敬老养老的美德。它的颁布实施是我国多年来老年人权益保障立法实践经验的升华和总结,填补了我国老年人权益保障方面的立法空白,开启了我国老龄工作的新时代,是我国老龄事业步入法制化轨道的标志,具有里程碑地位。

(2)县市、乡镇老年宜居环境规章制度的建设

《浙江省老龄事业发展"十二五"规划》中最突出的亮点是构建全面和谐的安养环境体系,也就是居住更加舒适、人际关系更加融洽、社区更加安全健康、更适合老年人居住。除此之外,应该为老年人创造一个物质设施完善、精神生活丰富的养老环境,综合提高老年人的生活质量,满足老年人基本需求与深层次的需求,将"被动养老"转化为"主动养老",倡导老年人自立自强的生活方式,让老年人在享受社会与科技进步成果的同时,实现身在自然、老有所为、与时代发展同步。政府在新社区规章制度建设中起着主导作用。政府负责制定和修改有关农村新社区发展的法律法规和各项政策,对农村新社区的性质、作用和功能,自治组织的产生、设置及各自的职责权限划分,管理的方式及运行机制,新社区与居民、政府和其他社会组织的关系,与新社区发展相关的民间组织的设立、管理和运行等做出明确的规定,以建立健全相关的规章制度,规范各有关方面的行为,为新社区自治和社团民间组织的健康发展提供制度上、法

律上的保证。

（3）乡规、乡约

通常所说的乡村条约是指村民群众在村民自治的起始阶段，依据党的方针政策和国家法律法规，结合本村实际，为维护本村的社会秩序、社会公共道德、村风民俗、精神文明建设等方面制定的约束规范村民行为的一种规章制度。乡村条约是村民会议基于《村民委员会组织法》授权而制定的。在新时期农村老年宜居建设中，应该发挥乡规、乡约的作用，以维护村子的社会秩序、社会公德、尊老传统文化。

8 主要结论与研究展望

8.1 主要结论

  本研究对浙江省几个地区的农村老年人居环境进行了大量的实地调研和村民访谈，理清浙江省一些地区农村老年人居环境状况，通过村民访谈、资料查询、专家意见等综合方法，在宜居评价理论的基础上，重点研究了浙江农村老年宜居环境的构建指标体系。浙江自 20 世纪 80 年代开始进入老龄化时代后，农村老年人口一直高于城市老年人口，随着我国城镇化一体建设，在美丽乡村建设的指引下，浙江农村经济得到一定的发展，但是在乡村建设中政府部门很少考虑老年人的利益和需求，大部分乡村建设还是停留在基础设施建设、污水处理等生活质量方面的提升，而对老年人这一特殊的群体没有太多的关爱。中国是一个 13 亿人口的大国，9 亿农民居住在农村，随着我国老龄化现象越来越严重，农村老年人的生活质量和人居环境就显得格外重要，从宏观上来看，农村老年宜居是一项民生工程，农村老年人的稳定就是我国社会主义国家的稳定。但是遗憾的是，目前浙江省美丽乡村建设对农村老年人的人居环境、生活质量等建设还是处于薄弱阶段，主要还是思想认识不够。从微观上来看，我国城乡二元体制导致农村老年人社保、医疗、养老水平等比城市老年人低很多，大部分老年人还得继续从事农活，补贴家用。因此，在老龄化快速发展的浙江省，以美丽乡村建设为契机，当务之急就是建立一套完整、公平的养老制度，包括老年法律、法规、制度，老年社保医疗公平制度，政府服务与监管制度，老年宜居制度等，不断提高农村老年人的医疗、社保和养老服务水平，加大社会尊老优待政策，规范政府的管理和行业服务机制。

本书通过对浙江各个地区农村老年人居环境的调研，指出当前浙江省农村老年人居环境的现状，并进一步在宜居评价理论的指导下，构建了浙江省农村老年宜居环境的评价指标体系，重点分析了农村老年人的主客观评价。最后基于浙江省农村老年人居环境的实际情况，在比较国内外农村老年宜居建设经验的基础上，结合我国美丽乡村建设和浙江省"两美浙江"建设政策，提出浙江省农村老年宜居环境建设的措施与对策。

8.1.1 理清浙江省各个地区农村老年人居环境状况

（1）农村老年人口规模不断扩大。按户籍人口统计，截至 2012 年末，全省 60 岁及以上老年人口 857.69 万，占总人口的 17.87%，比上年同期净增 34.46 万，增长 4.19%。65 岁及以上老年人口 572.69 万，占总人口的 11.93%，比上年同期净增 13.74 万，增长 2.46%。70 岁及以上老年人口 380.58 万，占总人口的 7.93%，比上年同期增加 3.37 万，增长 0.89%。80 岁及以上的高龄老人 130.36 万，占老年人口总数的 15.20%，比上年同期增加 3.76 万，增长 2.97%。90 岁及以上的高龄老人 13.99 万，占老年人口总数的 1.63%。老龄化系数居全省前三位的市依次为嘉兴市、舟山市和湖州市，老年人口占总人口的比重分别是 21.27%、20.36% 和 20.25%。老龄化程度最低的为温州市，老年人口占总人口的比重是 14.81%。

（2）高龄化发展趋势迅猛，百岁老人逐年增多。浙江省老龄办发布了《浙江省 2013 年老年人口和老龄事业统计公报》，截至 2013 年末，全省 60 岁及以上老年人口 897.83 万，占总人口的 18.63%，同比增长 4.68%。80 岁及以上高龄老人 140.16 万，占老年人口总数的 15.61%，同比增长 7.51%。百岁老人 1794 人，比上年同期增加 169 人。

（3）纯老家庭人口逐年增加。全省纯老家庭人口数 2012 年为 214.49 万，占老年人口总数的 25.01%，其中，城镇 75.89 万

人，农村 138.6 万人，分别占城镇、农村老年人口总数的 27.19% 和
23.96%。纯老家庭人口数列前三位的依次为宁波市、金华市和杭州市，
分别为 41.75 万人、27.19 万人和 26.19 万人。

（4）失能、半失能老年人口缺乏关爱。全省有失能、半失能老
年人口共 73.48 万，占老年人口总数的 8.57%，其中，失能和半失能
老年人口分别为 24.52 万、48.95 万，各占老年人口总数的 2.86% 和
5.71%。失能、半失能老年人口数列前三位的依次为温州市、杭州市
和宁波市，分别为 16.56 万、9.18 万和 8.82 万。失能、半失能老年
人口数占老年人口数比例居前三位的依次为温州市、丽水市和衢州
市，比例分别为 14.00%、11.63% 和 11.32%。

（5）浙江省农村老年宜居环境的经济适宜度值明显较大的是杭
嘉湖、宁绍地区。在经济适宜度上尤其以杭州、宁波的经济最为突
出，而南部城市（金、温、台、丽）较小。2015 年，浙江省生产总
值（GDP）❶ 达到 42886.5 亿，全省人均 GDP 为 77862.20 元，高于全
国平均水平；从各地级市来看，杭州、宁波和温州 GDP 总量领先，
分别为 10053.58 亿、8011.5 亿和 4619.84 亿。从人均 GDP 来看，浙
江全省各地市均超过全国平均水平。杭州、宁波和舟山位列前三，
杭州市人均 GDP 为 18152.85 美元，宁波市人均 GDP 为 16467.61 美
元，舟山市人均 GDP 为 15336.77 美元。温州市人均 GDP 最低，为
8179.73 美元（表 8-1）（常住人口数据采用 2014 年末数据，2015 年
美元兑人民币平均汇率 6.2284）。

2015 年浙江各市 GDP 和人均 GDP 排名　　　　表 8-1

2015 年 GDP 排名	地级市	2014 年 GDP（亿元）	2015 年 GDP（亿元）	2014 年常住人口（万）	人均 GDP（元）	人均 GDP（美元）	人均 GDP 排名
1	杭州	9201.16	10053.58	889.2	113063.20	18152.85	1
2	宁波	7602.51	8011.5	781.1	102566.89	16467.61	2

❶　http://www.phbang.cn/city/152358.html

续表

2015 年 GDP 排名	地级市	2014 年 GDP（亿元）	2015 年 GDP（亿元）	2014 年常住人口（万）	人均 GDP（元）	人均 GDP（美元）	人均 GDP 排名
11	舟山	1021.66	1094.7	114.6	95523.56	15336.77	3
4	绍兴	4265.83	4466.7	495.6	90127.12	14470.35	4
6	嘉兴	3352.8	3517.06	457	76959.74	12356.26	5
8	湖州	1955.96	2084.3	293	71136.52	11421.32	6
7	金华	3206.64	3406.5	543.7	62654.04	10059.41	7
5	台州	3387.51	3558.13	601.5	59154.28	9497.51	8
9	衢州	1121.01	1146.2	212.4	53964.22	8664.22	9
10	丽水	1051	1102.34	213.1	51728.77	8305.31	10
3	温州	4302.81	4619.84	906.8	50946.63	8179.73	11
—	义乌	968.6	1046	125.1	83613.11	13424.49	计划单列
	全省	40153.5	42886.5	5508	77862.20	12501.16	

资料来源：中国排行网 www.phbang.cn

（6）综合各项指标因素，浙江农村老年宜居性最好的地区是浙北地区和宁波，中间层次为绍兴和金华地区，最差的是台州、丽水和温州。农村安全适宜度以杭州、宁波最为突出，衢州、金华、丽水等山地地区为弱，其他农村相近；环境生态适宜度方面，嘉兴因各项生态因子均高于其他而排在前面，温州污染太大，排名倒数第一，其他地区则相近。综合社会经济、老年公平、农村安全、生态环境等因素，得出浙江农村老年的宜居性为杭嘉湖、宁波高于绍兴和金华，而绍兴和金华又高于台州、丽水和温州。杭州农村老年宜居性相对较高，温州最低。

8.1.2 构建浙江农村老年宜居评价指标体系

（1）浙江农村老年宜居指标选取的专家调查

研究采用德尔菲研究法。首先，团队先对农村老年宜居的评价指标进行讨论，商讨后得出一个基本框架，将初步的调查指标设计成表格，然后，邀请省内专家、教授对框架性的指标体系进行新一轮商讨，同时请专家，教授对框架性指标进行重要性评判，回收专家问卷进行汇总，提出提高性的评价指标体系。最后，将其制成表格，再次请专家学者对提高性指标体系进行重要性评判，回收问卷进行汇总。通过三次专家评判提升，最终确立浙江农村老年宜居评价指标体系。

（2）浙江农村老年宜居客观评价指标系统

浙江农村老年宜居客观评价指标旨在运用客观数据对农村老年宜居状况作出分析，通过实地调研、问卷调查、浙江省统计年鉴的数据和浙江民生报告的文献资料，严格遵守科学性原则、系统性原则、可持续发展原则、可操作性原则、突出主要指标原则和强调农村老人主体地位原则，通过对各个方面的指标进行排序，按照高频率出现的顺序进行排列，同时结合一些专家学者对宜居农村、农村社区宜居性及老龄化农村宜居的评价体系的研究，最终确定了5个一级指标，9个二级指标，16个三级指标及58个四级客观评价指标。

（3）浙江农村老年宜居主观评价指标系统

浙江农村老年宜居主观评价指标体系同样是在农村宜居构成系统的基础上构建的。主观评价获取数据主要采用问卷调查和访谈法，问卷设计尽量简单明了，符合农村居民和老年人的水平，这样一方面可以拉近和老年人的距离，另一方面可以提高社会调查所获取数据的准确性。通过调研和实践，经过专家学者的多次会议商讨，汇集村民、老年人意见，分析总结，不断完善其中的内容，得出浙江农村老年宜居主观评价指标系统。

8.2　研究展望

21世纪是人口老龄化的世纪，目前我国农村老年人宜居环境建设是一个比较突出的问题。本书从农村老年人口发展趋势、浙江农村老年人宜居环境调研分析出发,提出了构建浙江省农村老年人宜居环境建设评价指标。

这为今后农村老年宜居提供了新的研究方向。随着城乡一体化建设和老龄化的快速发展,浙江省政府必定会对农村人居环境提出更高的要求,随着农村老年相关宜居问题的提出,今后浙江必定会把农村老年宜居环境打造得更好。

附 录 浙江农村老年人宜居环境研究调查问卷

亲爱的朋友：

您好！我们是浙江农村老年人宜居环境研究"助老为乐"调查队成员。我们此次调查旨在研究浙江农村老年人宜居环境，希望您能抽出几分钟时间给予我们一些帮助，根据您的真实想法认真回答我们问卷上的题目，您的答案对我们非常重要！您的个人信息我们会严格保密，请您放心。感谢您的配合！

1. 您现在的居住方式是

    A. 和子女一起   B. 和老伴一起   C. 自己一个人住

2. 您期望退休后的居住面积是

    A.40m^2 以下   B.40 ~ 60m^2 C.70 ~ 90m^2

    D.90 ~ 110m^2 E.110m^2 以上

3. 您对您现有住宅（□是、□否）满意？您不满意的首要问题是

    A. 面积小   B. 房间布局差   C. 楼层高

    D. 区位环境欠佳   E. 其他

4. 您在居住问题上最关注的是什么（多选）

    A. 小区居住舒适度   B. 户型设计

    C. 物业管理   D. 小区购物交通便利度

    E. 是否有其他同龄朋友   F. 与子女子孙等常住地点的距离

G. 小区医疗服务便利度　　　H. 周边环境

I. 小区安全　　　　　　　　J. 休闲活动配套

K. 其他

5. 您现在最希望得到什么服务（多选）

A. 心理服务　　　　　B. 医疗护理　　　　　C. 饮食保健

D. 娱乐休闲　　　　　E. 家政服务

6. 对您来说，生活中的主要娱乐是

A. 看电视听广播　　　B. 早晚锻炼身体　　　C. 打牌、下棋

D. 聊天　　　　　　　E. 旅游　　　　　　　F. 老年大学进修

G. 其他

7. 平时您的活动分布圈主要在哪些范围内

A. 基本邻里活动圈（以家庭为出行中心）

B. 区域活动圈（以小区为出行规模圈）

C. 市区活动圈（市区级公园、中心广场、老年大学等）

D. 集域活动圈（介于 B、C 之间的城市老年出行）

E. 与其他陌生人一起活动（室外大群体，如学跳舞）

F. 独自活动

8. 对于住区中的活动场地，您认为怎样布局您更满意？

A. 小而多，离家近，方便到达

B. 大而集中，人多，活动多

C. 其他

9. 最希望自己现在的住房能在哪些方面有所改善（多选）？

A. 卫生间、厨房（防滑、添加把手）

B. 楼层过高，上下不便

C. 室内日照、通风不好

D. 添加紧急呼叫设备

E. 其他

10. 您最喜欢哪种模式的老年社区？

    A. 环境优雅的乡间别墅

    B. 市中心的高层建筑老年公寓

    C. 城市近郊的老年公寓

    D. 周边有幼儿园、商店、医院等设施的综合性老年社区

11. 您认为老年人需要的居住条件是（可多选）

    A. 与人沟通方便   B. 活动场所宽阔   C. 医疗设施齐备

    D. 家政服务到位   E. 交通、购物方便   F. 装修高档

    G. 安静整洁的环境

12. 您希望自己的住区能给您提供哪些类型的配套服务设施？

    A. 老年活动中心   B. 老年康复、保健中心

    C. 托老所（白天送，晚上接）   D. 养老院（全天候）

    E. 社区老年服务中心（提供日常的家政服务或临时护理）

13. 对于下列情况的符合程度，请您根据自身情况在相应处划"√"

	特别符合	符合	不太相符	不符合
无法容忍嘈杂的环境				
无法容忍没有娱乐场所的环境				
无法容忍不美观的住宅				
喜欢和邻居聊天，享受邻里之间的走动				
热爱大自然，喜欢与生态融为一体				

14. 您认为老年人的幸福主要取决于

    A. 有良好的生活环境   B. 有丰富的文化娱乐活动

    C. 受到社会尊重和关爱   D. 能够继续发挥余热

    E. 其他

15. 您认为以下哪种情况对您的生活带来最不便的影响？

    A. 机动车道与人行道划分不明确

    B. 娱乐设施不齐全，休息椅不舒服

    C. 小区的标识模糊，可识别性差

    D. 社区娱乐场地过少

    E. 绿化环境较差

16. 您觉得您所在的小区里面的娱乐设施或者健身设施

    A. 设备齐全且极大丰富了老年人的生活

    B. 设备齐全但只是形象工程，平时很少开放

    C. 只是简单的几个健身器材

    D. 完全没有这些设备

17. 请问这些设备平时有人维护吗？

    A. 有，经常   B. 偶尔   C. 从来没有

18. 老年服务中心距您住所的距离是

    A. 约 500m   B.250 ~ 500m   C.100 ~ 250m

    D.100m 以内

19. 您对老年服务中心的满意程度

    A. 非常满意   B. 满意   C. 一般   D. 不满意   E. 非常不满意

20. 是否赞成在步道上规划机动车停车位

    A. 是　　　　　　　　B. 否

21. 当绿地影响步行通畅时，是否应该适当减缩绿地

    A. 是　　　　　　　　B. 否

22. 您对该小区还有什么其他建议或者意见＿＿＿＿＿＿＿＿＿＿＿＿

感谢您的支持，祝您生活愉快！

参考文献

[1] 浙江省人口普查办公室.迈入新世纪的浙江人口·第三卷[M].北京：中国统计出版社，2003.

[2] 浙江省人口普查办公室.迈入新世纪的浙江人口·第一卷[M].北京：中国统计出版社，2003.

[3] 陈荣，蒋承勇.浙江民生报告（一）[M].北京：光明日报出版社，2011.

[4] 陈荣，蒋承勇.浙江民生报告（二）[M].北京：光明日报出版社，2011.

[5] 陈荣，蒋承勇.浙江民生报告（三）[M].北京：光明日报出版社，2011.

[6] 陈荣，蒋承勇.浙江民生报告（四）[M].北京：光明日报出版社，2011.

[7] 陈荣，蒋承勇.浙江民生报告（五）[M].北京：光明日报出版社，2011.

[8] 陈荣，蒋承勇.浙江民生报告（六）[M].北京：光明日报出版社，2011.

[9] 胡绍雨.我国民生保障指标体系的构建与评价[M].北京：知识产权出版社，2015.

[10] 王婉飞.浙江乡村发展与创新[M].北京：北京大学出版社，2005.

[11] 王小章.浙江四镇——社会学视野下的中心镇建设[M].杭州：浙江大学出版社，2013.

[12] 本研究课题组.发展中的老年保障事业：制度与政策（浙江省老龄事业发展战略研究报告）[M].杭州：浙江大学出版社，2013.

[13] 刘大威.城镇宜居住区整体性营造理论与方法[M].南京：东南大学出版社，2013.

[14] 张雪平.浙江省基本公共服务均等化地域差异性研究[M].北京：经济科学出版社，2012.

[15] 郅玉玲.和谐社会语境下的老龄化问题研究[M].杭州：浙江大学出版社，2011.

[16] 陈立旭，潘捷军.乡风文明：新农村文化建设——基于浙江实践的研究[M].北京：科技出版社，2009.

[17] 吴添祖，冯琴等.浙江省可持续发展战略研究——环境保护和资源节约的思考[M].北京：科技出版社，2003.

[18] 浙江百村农民文化生活调查课题组.浙江省新农村文化报告[M].北京：中国美术学院出版社，2007.

[19] 江苏省住房和城乡建设厅.乡村规划建设（第5辑）[M].北京：商务印书馆，2015，8.

[20] 吴玉韶.中国老龄事业发展报告[M].北京：社会科学文献出版社，2013，2.

[21] 周文俊.浙江农村老年人医疗保障现状与对策研究[D].湘潭大学硕士论文，2011，10.

[22] 赵秋立.浙江省农村人居环境优化建设[D].浙江大学硕士论文，2005，5.

[23] 赵为丹.改善和提升浙江农村人居环境初探[J].城市规划，2015，8.

[24] 浙江省统计局等.浙江统计年鉴（2015）[M].北京：中国统计出版社，2015.

[25] 浙江省统计局等.浙江统计年鉴（2014）[M].北京：中国统计出版社，2014.

[26] 浙江省统计局等.浙江统计年鉴（2012）[M].北京：中国统计出版社，2012.

[27] 浙江省文化厅.浙江省文化文物统计年鉴2008[M].浙江省文化厅，2008.

[28] 党俊武，周燕珉.老龄蓝皮书：中国老年宜居环境发展报告[M].北京：社会科学文献出版社，2016.

[29] 刘晓清.浙江省人居环境与环境保护变化研究[J].统计科学与实践，2010，10.

[30] 茅忠明.新农村建设的实践与思考——以浙江省建设"中国美丽乡村"为例[J].经济研究导刊，2014，7.

[31] 管东生.城市生态环境研究的新进展——评《城市生态环境学》[J].地理科学，2004（1），127.

[32] 梁流涛，曲福田，冯淑怡.农村发展中生态环境问题及其管理创新探讨[J].软科学，2010（8），53-57.

[33] 刘骛，薛浩，冯静.关注内在需求，重塑社区中心空间——基于"新农村、新邻里"建设背景下的农村社区中心设计研究（浙江）[J].华中建筑2013，3：41-44.

[34] 闻海.村落空间发展的基本特征调查分析——以江苏为例 [J].江苏城市规划，2011，9：38-43.

[35] 屈德印.居住环境的构成与分析 [M].装饰，1998，3：9-10.

[36] 任燕，秦丹尼，李斌.自然村落公共空间和居住空间的环境行为研究——以宁波象山村为例 [J].建筑学报，2011，2：33-38.

[37] 邵文革.论农村劳动力转移现状及其策略——浙江省金华市个案研究 [J].重庆大学学报（社会科学版），2006，3：27-32.

[38] 申青鸟.快速城市化进程中农村居住环境与景观设计策略初探——结合多个四川新农村建设实例 [D].重庆大学硕士学位论文，2012.

[39] 宋国庆，沈丽巍，赖天能.我国农村人际关系研究述评 [J].长春工业大学学报（社会科学版），2008，5：52-55.

[40] 王丽娜.新农村建设中村庄规划对策初探——以磐安县新农村建设为例 [J].现代商业，2012，3：56-57.

[41] 王敬东，黄召贤.农村景观的自然——人为性与多样性特征研究 [J].资源开发与市场，2007，9：833-835.

[42] 温武瑞，王新，谢永明.农村生态环境问题分析及其对策建议 [J].中国环境管理，2010，3：17-21.

[43] 吴银彩.中国农村老年服务体系构建研究 [D].山西财经大学硕士学位论文，2010.

[44] 杨华.历史哲学视域下的人口老龄化及其应对——以浙江农村为例 [D].浙江大学博士学位论文，2013.

[45] 叶继平，徐金龙.新农村文化建设中开掘民俗文化资源的思考 [J].全国商情（理论研究），2011，16：49-52.

[46] 赵斌.浙江农村老年宜居环境建设研究 [J].前沿，2013，20：126-127.

[47] 胡宝哲.营建宜居城市理论与实践 [M].北京：中国建筑工业出版社，2009.

[48] 卢杨.中国宜居城市建设报告 [M].北京：中国时代经济出版社，2009.

[49]（美）约翰·奥姆斯比·西蒙兹.刘晓明等译.21世纪园林城市——创造宜居的城市环境 [M].沈阳：辽宁科学技术出版社，2005.

[50] 董晓峰. 宜居城市评价与规划理论方法研究 [M]. 北京: 中国建筑工业出版社，2010.

[51] 吴良镛. 人居环境科学导论 [M]. 北京: 中国建筑工业出版社，2001.

[52] 张文忠，尹卫红等. 中国宜居城市研究报告（北京）[M]. 北京: 社会科学文献出版社，2006.

[53] 冷红. 寒地城市环境的宜居性研究 [M]. 北京: 中国建筑工业出版社，2009.

[54] 李佳曦. 福建省社会主义新农村宜居环境规划研究 [D]. 福建农业大学硕士论文. 2010

[55] 李丽萍. 宜居城市建设研究 [M]. 北京: 经济日报出版社，2007.

[56] 胡仁禄，马光等. 老年居住环境 [M]. 南京: 东南大学出版社，1995.

[57] 阎春林. 老年居住环境的创造 [J]. 新建筑，2001，2: 24-26.

[58] 王影. 新农村人居环境设计中存在的问题及对策研究 [J]. 安徽农业科学，2010，38（22）: 134-136.

[59] 姚引妹. 经济较发达地区农村空巢老人的养老问题——以浙江农村为例 [J]. 人口研究，2006，30（6）: 38-46.

[60] 赵炜. 乌江流域人居环境建设研究 [D]. 重庆大学，2005.

[61] 祁新华，程煜，陈烈，陈君. 国外人居环境研究回顾与展望 [J]. 世界地理研究，2007，16（2）: 17-24.

[62] 周绍斌，李建平. 浙江农村老年人精神需求与精神文化生活状况的调查研究 [J]. 中国老年学，2008，28（21）: 2141-2143.

[63] Ahmed and J. A. Doeleman, eds. Beyond Rio: The environmental crisis and sustainable livelihoods in the Third World[M].London: Macmillan Press, 1993.

[64] Alauddin, M. Environmentalizing Economic Development: A South Asian perspective[J]. Ecological Economics, 2004, 51: 251-270.

[65] Bekele, W., L. Drake. Soil and Water Conservation Decision Behavior of Subsistence Farmers in the Eastern Highlands of Ethiopia. Ecological Economics, 2003, 46: 437-451.

[66] Bhagawati, J.The Case for Free Trade[J].Scientific American, 1993, 269（5）: 42-49.

[67] Dales, J. H.. Land, Water and Ownership. Canadian Journal of Economics, 1968, 21: 791-804.

[68] Steve R C, Prabhu L P, Elena M B, Monika B Z. Ecosystem and Human Well-being: Scenarios, Volume 2[M]. Washington, London: Islang Press, 2005.

[69] Williams O, Olatubia, David W, HUGHES. Natural Resource and Enviromental Policy Trade-offs: A CGE Analysis of the Regional Inpact of the Wetland Resrve Program[J].Land Use Policy, 2002.19（3）: 231-241.

致　谢

本书是浙江省高校重大人文社科项目攻关计划项目《浙江农村老年宜居环境研究》成果（项目编号：2013QN050）。没有省教育厅的支持，就不会有本书良好的研究平台，因此，首先感谢省教育厅领导和全体同志的支持。在三年的艰辛写作过程中，感谢课题组的全体同仁对本书提出的宝贵意见和建议，感谢鲁恒心院长对本书提出总体框架以及相关专家的引荐和帮助；尤其在写作的中期阶段，遇到很多难题，感谢上海大学程功勋博士、北京大学温日光博士、清华大学博士后沈崇阳等朋友的帮助和鼓励，他们对相关章节、文章结构进行了指导和帮助，在这里一一表示感谢。

三年时间，逝者如斯夫，转眼就过去了。如今，终于完成了这本专著，但有很多的问题，也有很多不尽人意的地方，还请大家见谅。在此，我真心感谢视觉132班全体同学和部分环境设计专业学生，是你们和我一起深入浙江农村，利用寒暑假时间，冒着严寒和酷暑进行实地调研和村民访谈，随后又一起整理资料，历经一年多的时间，2015年整理出《浙江农村老年宜居环境调查报告》，并且获得校级优秀调研报告，之后我们又在这个调研报告的基础上，整理、拓展后组织申报了2015年全国大学生挑战杯大赛，其《浙江农村老年宜居环境建设研究》荣获校级比赛一等奖。同时，我指导的环境设计专业的毕业生，每年都有部分学生围绕这个课题做美丽乡村建设的毕业设计方案，目前已经设计完成嘉兴王店花鸟港村、南梅村的美丽乡村建设方案，并且今后还将继续完善美丽乡村建设设计方案，由点到面，不断深入地对农村老年宜居和美丽乡村建设进行相关研究。

最后，十分感谢我的家人——我的父母，尤其是我的爱人对我的支持和帮助！感谢中国建筑工业出版社王晓迪编辑的大力帮助和支持，以及编辑部其他编辑的帮助，他们认真、细致的工作，使本书得以梳理编辑和出版，在此，特向中国建筑工业出版社的编辑们表示真诚的谢意。

由于个人能力和时间有限，研究中纰漏在所难免，敬请有关专家学者和广大读者提出宝贵意见和建议。

赵 斌、俞梅芳

2016 年 9 月于嘉兴南湖